J. W. ROCHESTER

O ENIGMA

psicografia
Maria Gertrudes

Capa:
Daniel Archangelo

1ª edição – novembro/2003
10.000 exemplares

INSTITUTO DE DIFUSÃO ESPÍRITA
Av. Otto Barreto, 1067 - Caixa Postal 110
CEP 13602-970 - Araras - SP - Brasil
Fone (19) 3541-0077 - Fax (19) 3541-0966
C.G.C. (MF) 44.220.101/0001-43
Inscrição Estadual 182.010.405.118

IDE EDITORA É APENAS UM NOME FANTASIA UTILIZADO PELO INSTITUTO DE DIFUSÃO ESPÍRITA, O QUAL DETÉM OS DIREITOS AUTORAIS DESTA OBRA.

www.ide.org.br
info@ide.org.br
vendas@ide.org.br

FICHA CATALOGRÁFICA

(Preparada na Editora)

Coelho, Maria Gertrudes, 1948-

C62e *O Enigma* / Maria Gertrudes, J. W. Rochester (Espírito) . Araras, SP, 1ª edição, IDE, 2003.

224 p.

ISBN 85-7341-307-7

1. Romance 2. Espiritismo. 3. Psicografia I. Título.

CDD -869.935
-133.9
-133.91

Índices para catálogo sistemático:

1. Romances: Século 21: Literatura brasileira 869.935
2. Espiritismo 133.9
3. Psicografia: Espiritismo 133.91

Agradecimentos

Agradeço às professoras,
sra. Juraci Furtado Chaves e
sra. Maria Terezinha Vilela de Carvalho,
incentivadoras de nosso trabalho.
E, ao amigo
Antonio Rolando Lopes Júnior,
pesquisador das obras de Rochester,
por suas preciosas inserções nos rodapés,
a minha admiração.

ÍNDICE

Terceira Parte

Introdução

A História pouco registrou sobre Cambyses II, filho e sucessor de Ciro, o grande rei persa. Sua performance como rei aquemênida permaneceu quase apagada, ou fizeram questão de que ela fosse subtraída?

Com todo o respeito aos historiadores que narraram o apogeu persa, nossa intenção não é reconstituir o que, indubitavelmente, ficou esquecido, mas trazer à tona a verdade sobre Cambyses II, seu trágico destino e sua influência.

A civilização persa alcançou tanto poder, fausto e glória, que nem os pomposos romanos, no futuro, a igualaram.

O infeliz rei passou como uma sombra nefasta entre babilônios, egípcios e judeus.

Contudo, após o decesso do corpo físico, o espírito imortal adquire a amplitude e pode, num átimo, ir e vir de uma civilização a outra; formar o amálgama entre o passado e o presente. Apenas o espírito, despojado da matéria densa, consegue penetrar os arcanos celestiais e descortinar os reais acontecimentos.

A História citou o triste percurso de Cambyses, sua loucura e insensatez; sua influência política, porém, foi muito maior do que se escreveu. Talvez porque Cambyses II, o neurastênico, fosse apenas um rebelde déspota.

Passou como uma sombra negra ofendendo as tradições religiosas dos babilônios e contrariando os costumes persas que seu pai defendera até o último instante.

As anotações puramente materialistas não registraram o sofrimento íntimo e atroz de um homem atormentado pela própria insensatez. Senhor absoluto, solitário e odiado, desprezou os salutares conselhos paternos de fidelidade à família e à religião.

Cambyses II, Rei dos Persas, Rei do Alto e Baixo Egito, O ENIGMA, considerado pelos judeus o próprio anticristo de sua geração, julgado cruel e louco, deixou um lastro de terror e sangue e fez tremer os povos ante a sua insana fúria.

Com a permissão dos guias, relato a paixão de um homem doente e frágil, que tal um anjo decaído, ciente de suas fraquezas, buscou, ferreamente, ascender ao paraíso perdido depois de uma longa trajetória de lutas pelo Planeta.

Rochester

Recanto de Paz, 11/01/2001

(Deus inspira os médiuns que estudam.)

Primeira Parte

Juventude de Cambyses

Certo dia, Cassandana[1], filha de Farnaspes, descendente da tribo aquemênida[2], dirigiu-se a um dos oráculos do templo[3] e rogou auxílio aos espíritos para a saúde de seu primogênito.

O oráculo havia prenunciado que seu filho Cambyses seria, em breve, coroado rei da Pérsia.

Seu filho sofria de insônia e do mal sagrado[4].

Cambyses era diferente de todos. Vivia febril e sua excitação atingia ao ápice do delírio, nas noites enluaradas.

A preocupação materna tinha fundamento.

Cassandana, ao se ver só, no templo, ousou perguntar ao oráculo:

– Ó, Divino Espírito, que mantém a harmonia da vida,

---

1 - Cassandana, filha de Farnaspes: Farnaspes: príncipe de Anshan; casou-se com Atossa, filha de Ciro I. Assim, Cassandana, tal como seu esposo Ciro II (filho de Cambyses I), era neta de Ciro I.

2 - aquemênida: antiga dinastia persa, supostamente descendente do lendário Aquemenes, um antigo governante de um distrito no sudoeste do Irã. Fundada por Ciro II, o Grande, em 550 a.C., findou-se em 330 a.C. com a derrota de Dario III por Alexandre Magno.

3 - os oráculos foram introduzidos na Pérsia após a conquista da Grécia por Ciro – Nota do autor espiritual

4 - A epilepsia, na Antigüidade, era uma doença desconhecida e seus efeitos eram conhecidos como o mal sagrado, porque era indício de grande mediunidade entre os sacerdotes. O Espiritismo cataloga a epilepsia como a atuação de um espírito mau sobre o médium a título de vingança, cuja ação persistente lesa o cérebro da vítima. (Nota do Autor Espiritual)

dizei-me quando cessará o terrível mal que assola meu pobre filho?

O espírito do templo fez silêncio ante sua indagação.

Aquele silêncio a incomodou. Julgou que os espíritos não quisessem lhe responder e fez menção de se retirar.

Deu meia volta para sair, quando uma voz sinistra obrigou-a a recuar.

Olhou o oráculo, amedrontada.

Ouviu nitidamente um som, oriundo das entranhas do templo ou das colunas sombrias. Receosa daquele fenômeno, quis fugir, mas o medo a manteve extática.

– O mal sagrado! Ah! Ah! Ah! A ira de Moloch![1] Cassandana arrepiou-se inteira e arrependeu-se de ali estar sem a presença do sacerdote.

Era a voz temida das trevas. Aqueles espíritos riam-se dela e de seu filho.

Àquelas palavras, seguiu-se uma risada terrível e vultos enormes pareciam sair das colunas, aterrorizando-a.

Uma rajada de vento apagou as tochas e a mulher fugiu apavorada.

Cassandana rapidamente atingiu o pórtico e somente se sentiu aliviada quando se viu, segura, em seu camarim.

– Ouvi o Arimã[2] e agora ele permanecerá comigo! – pensou aflita, mergulhando a cabeça nas duas mãos e se jogando ao chão, em profunda contrição.

1- Moloch foi um deus cultuado na antigüidade, no velho Irã. Esta entidade perversa e zombeteira introduziu em seus cultos, bebidas alucinógenas, (o culto ao ahoma) para manter total domínio sobre seus médiuns. Sua influência nefasta trouxe graves prejuízos para as mentes que se aliaram a ele, através de seus cultos exóticos em rituais macabros, culminando com o sacrifício de crianças e mulheres.

2 - O Deus da sombra, o Arimã, a personificação do Mal, que se antepõe ao Deus da luz, Ahura-Mazda, a personificação do Bem, ensinamentos oriundos do profeta Zaratustra ou Zoroastro que dominaram a Pérsia na época de Ciro. – (Nota do Autor Espiritual)

Trazia a cabeça cheia de terríveis presságios quanto ao mal sagrado e o destino do querido filho e fez questão de esconder o que presenciara, temendo a ira daqueles espíritos.

Dias depois, a rainha adoeceu gravemente.

Nenhum médico conseguiu diagnosticar seu mal. Os sacerdotes, desconfiados de algum sortilégio maligno, trataram-na com orações, ervas medicinais e ofertas aos deuses do templo.

Mas a soberana queria ficar longe dos sacerdotes e daqueles demônios.

Talvez tudo estivesse acontecendo porque seu primogênito pouco ligava às lições do Livro Sagrado[1].

A infeliz rainha, tão invejada e rica, não recebia do esposo o carinho que almejava.

Farnaspes, seu pai, dera-a em casamento apenas para anexar territórios medas[2] aos domínios persas. Contudo, ela amava Ciro[3] de todo seu coração. Sentia-se enciumada da atenção que ele dispensava às jovens escravas, beldades, com as quais ela não podia competir.

A rica mulher tinha motivos de sobra para ser infeliz.

***

Mergulhada em seus pensamentos, a rainha ouviu alguém gritar no pátio:

– Quietos, os deuses vão agir!

---

1 - Livro Sagrado: O Livro Sagrado do Zoroatrismo é o Avesta, escrito originalmente em antigo iraniano, uma língua similar ao sânscrito védico.

2 - territórios medas: medas: Povo que habitava o antigo Reino da Média, na região noroeste do Irã, ao sul do Mar Cáspio.

3 - Ciro: Ciro II, o Grande: Fundador do Império Persa, filho e sucessor de Cambyses I. Subjugou a Média, a Lídia e Babilônia, libertando os judeus ali exilados. A palavra "Ciro" (Koresh) significa "sol".

Era Cambyses[1], que ameaçava sofrer mais uma crise epiléptica.

– Oh! Não! – exclamou a mãe, sobressaltada.

O herdeiro do trono sofria novo assalto. Nenhum médico era capaz de agir com eficiência naquela maldição divina.

Suas crises eram antecedidas por visões tenebrosas, que o faziam gemer pela casa como se estivesse sendo açoitado por seres invisíveis.

Desesperado e sem alívio, o moço se contorcia, freneticamente.

Alguns escravos cantavam para o espírito mau se afastar. Colocavam ramos de plantas medicinais e aromáticas, faziam penitência e se estiravam ao chão. Qualquer tentativa era vã.

Ninguém conseguia deter a fúria daquele ataque. Os escravos, amedrontados, assistiam ao desfecho da cena, impassíveis.

Cambyses, depois de se contorcer todo, exausto, caía ao solo, e na queda sempre se feria. Em conseqüência disto, vivia cheio de hematomas na cabeça, no rosto e no corpo.

De sua boca escorria uma gosma esbranquiçada que se misturava aos catarros.

– Arimã, Arimã!... – exclamavam, julgando-o o próprio gênio do mal.

Não era feio, mas seu aspecto, naquele momento, tornava-se repulsivo.

Ao tornar a si, suas vestes estavam molhadas de suor e a cabeleira negra, empastada, as pupilas dilatadas e os olhos brilhantes e vermelhos.

---

1 - Cambyses: Não confundir com Cambyses I, Rei de Ansham e pai de Ciro II. Cambyses II, personagem central desta obra, foi filho e sucessor de Ciro II, o Grande, e governou a Pérsia entre 529 a.C. e 521 a.C.

Seus próprios irmãos o evitavam, amedrontados.

A crise durava minutos, embora parecesse uma eternidade.

– Cessou! – exclamou um escravo, aliviado.

Ninguém ousava tocá-lo.

O palácio passava por um momento de total silêncio.

Ouviam-se apenas as orações vindas do harém.

Os servos espiavam de longe e aguardavam o despertar do amo.

O que se sucederia depois, ninguém poderia imaginar, pois Cambyses, ao sair da crise, percorria o olhar pelo ambiente, desconfiado. Parecia enxergar além das aparências, nada por perto lhe passava despercebido.

Os servos esquivavam-se sem comentários, procurando não incomodá-lo.

Porém, o espírito, a centelha divina que tudo registra, tinha consciência plena daquela tragédia e se revoltava com os olhares discretos, mas críticos, ou seriam as entidades zombeteiras que dele se vingavam?

Os pensamentos daquelas pessoas não tinham barreiras para ele. Sua consciência parecia se dilatar e todos ficavam ali, presos àquele magnetismo que dele irradiava.

Estranho e amargurado, percebia o temor de todos, então se rebelava, buscando a solidão.

Cambyses subia ao monte mais próximo e de lá não saía, até passar a perturbação que lhe invadia a alma. Outras vezes, montava em seu cavalo, saía pela floresta e só regressava ao anoitecer.

A rainha

Certo dia, sob a sombra das tamareiras, a rainha e uma mulher conversavam, quando vozerio e risos chamaram-lhes a atenção.

Eram os filhos de Cassandana que corriam, seguidos por escravos.

A amiga observou, atentamente, os dois rapazelhos atirarem flechas, numa pacífica competição. Eram belos e atléticos. Viram-se observados pelas mulheres e fizeram questão de exibir seus músculos e sua pontaria.

Astrudes desejou alegrar a infeliz soberana e teceu um espontâneo elogio:

– Oh! Cassandana, nunca vi homens tão belos entre os filhos de monarcas!...

Cassandana sorriu ante a observação, mas sabia o quanto isto lhe custava.

– Ah! Minha boa Astrudes, tão belos quão infelizes!

Apreciar a beleza de seus filhos era-lhe quase impossível em meio a tantas contrariedades.

Como ser feliz se vivia rodeada de servos e familiares insatisfeitos?

O palácio era um mundo de intrigas domésticas e a indiferença do esposo era o que mais a fazia sofrer.

Impossível ser feliz com tantas disputas entre súditos, conselheiros do rei e de seus filhos que cobravam ciúmes. O grande harém, vigiado por eunucos, constituía um foco ardente de insinuações malévolas.

Então respondeu, lamentando-se:

– Sim, Astrudes, pobres filhos, Ciro nem sequer nos olha. De meu senhor, recebo apenas desprezo. Tem sua atenção voltada para as campanhas e o harém de novas escravas que o acompanha por toda a parte, não o deixa sentir minha falta!

Astrudes olhou-a silenciosamente, sem coragem de incentivar o assunto que a amargurava, mas Cassandana continuou falando, necessitada naquele dia de desabafar sua dor.

– De que me vale o título de rainha, se sou humilhada como a pior das escravas! Sinto-me deprimida e penso em morrer. Ciro somente tem olhos para Nitétis[1], a escrava egípcia que ele mantém como refém. Como fazer se meu filho, doente e vulnerável, exige meus cuidados? – confessou-se à amiga.

Exatamente naquele momento, Cambyses passou por elas e ouviu sua mãe queixar-se; fingiu-se distraído para compreender o assunto.

Ouviu-a citar a escrava egípcia e aguçou os ouvidos.

Realmente, Nitétis era uma bela e ardilosa mulher, que há pouco tempo fora trazida para o palácio e assumia ares de rainha. Intrigante e sensual, era a única escrava que havia se deitado com o rei por mais de uma vez.

O belo rapaz aproximou-se das duas senhoras, fez uma graciosa vênia, retirou o arco de seu dorso e ergueu-o para o alto, desejando alegrá-las:

1 - Nitétis: Princesa egípcia, filha do Rei Apries (595 a.C. - 568 a.C.); deu a Ciro duas filhas: Atossa e Aritona.

– Senhoras, diante de vós está o Senhor da Pérsia, da Babilônia e do Egito!

Sem entenderem o motivo daquela encenação, as duas mulheres riram.

Mas Cambyses continuou erguendo o arco para o céu:

– Minha mãe, eu te prometo, quando eu for rei destruirei o Egito de um extremo a outro e dele nada restará.

Aquele tom enfático assustou-as e, sem compreenderem por que ele assim se expressava, calaram-se. Deveria ser mais uma brincadeira de Cambyses. Seu filho, quando queria, tornava-se a pessoa mais terna e encantadora.

Cassandana sorriu e disse para Astrudes:

– Não compreendo o meu filho, suas atitudes me assustam.

Quando se voltou, o jovem havia desaparecido pelo jardim, entre os troncos das palmeiras.

As duas mulheres esqueceram-se dele e voltaram às suas futilidades.

O príncipe, no entanto, registrou o sofrimento de sua mãe e pensou, contrariado:

"Nitétis é a causa de suas lágrimas..."

E a escrava preferida de Ciro ganhou, a partir de então, um ferrenho inimigo.

Cambyses jamais esquecia uma afronta, por menor que fosse. Egoísta e vaidoso, perseguia sem dó a quem ousasse atravessar em seu caminho ou magoar alguém a quem ele amasse.

O futuro herdeiro, inconstante, às vezes, misantropo em outras, palrador, era o que se poderia chamar gênio do mal. Era turbulento e armava brigas com os irmãos, fazendo-os sofrer terríveis humilhações por insignificantes discussões. A criadagem temia suas brincadeiras. Não hesitava em torturar os escravos e caçava-os como se fossem javalis, obrigando-os a correr de quatro.

Os escravos sabiam que, se capturados, seriam submetidos à mais dura sorte e fugiam dele apavorados.

– Urutu!... A urutu!...Urutau!

Era assim que os escravos o apelidaram.

– Escondam-se! – sussurrava um escravo, alertando os outros e ninguém ousava aparecer.

E os servos, obrigados a atendê-lo, viviam aterrorizados.

As reclamações eram muitas, mas não adiantava, o rei nunca estava por perto, envolvido em viagens e conquistas de mais e mais territórios. Tal situação somente melhorava quando o príncipe fazia longos passeios pelas montanhas e florestas com um bando de jovens eunucos e fortes escravos carregadores. Ninguém ousava comentar o que acontecia por lá.

Cambyses representava um perigo constante.

O estranho príncipe, sem amigos, não permitia sequer um olhar de piedade ou um mínimo gracejo, quanto ao seu problema; se tal viesse a acontecer, o infeliz seria punido mortalmente.

Muitos escravos, por conta disto, haviam perdido as orelhas, outros, a língua e a maioria tinha as unhas arrancadas e os dedos queimados.

Presságios

Uma vez por semana, Cambyses acompanhava sua mãe ao templo para receber a bênção do sacerdote e acalmar seus impulsos sanguinários.

O sacerdote examinava o jovem príncipe, exorcizava-o, mas ele saía dali pior do que entrava.

Os sortilégios usados pelo sacerdote causavam-lhe risos.

Seu comportamento oscilava entre ímpetos de bondade, que iam às raias do exagero e crueldades indescritíveis aos olhos humanos. Nunca se sabia qual dos dois sentimentos emergiria entre uma crise e outra: se a cega bondade, ou a louca crueldade.

A vida da nobre família, cercada da mais alta pompa e realeza, era coroada de incertezas.

Esmérdis Tanaoxares[1], irmão mais novo de Cambyses e suas duas irmãs, Atossa e Aristona distraíam-se jogando varetinhas e dados, na varanda, quando Cambyses se aproximou deles. Seu aspecto não era nada bom e seu olhar injetado de sangue amedrontou-os.

Os irmãos se entreolharam e adivinharam uma próxima crise.

---

1 - Esmérdis: O irmão de Cambyses II, era chamado pelos persas de Bardya; o nome Esmérdis foi dado pelo historiador grego Heródoto.

Esmérdis aconselhou:

– Façamos de conta que não o vimos. É melhor...

E continuaram entretidos na brincadeira...

Não se sabe por que, nada aconteceu.

Viram o irmão se afastar, aliviados.

Cambyses, no entanto, enciumado da amizade dos três e da alegria daquele brinquedo inocente, afastou-se incomodado e logo tramou algo.

Esmérdis não podia ser o preferido das irmãs.

A passividade do irmão o irritava e aquela visível afinidade que Aristona lhe demonstrava, magoava-o profundamente.

Aristona não podia gostar mais de Esmérdis do que dele, pensou consigo mesmo.

– Movimentarei este passatempo – murmurou com desprezo.

O alívio que os irmãos sentiram durou pouco.

Logo, Cambyses voltou acompanhado por um escravo que trazia uma jaula e dentro dela um filhote de leão.

Há dias ele estava adestrando aquele animal feroz.

Amedrontada, Aristona, a irmã mais jovem, escondeu-se atrás de Esmérdis, procurando proteção.

Sua atitude só fez irritar mais a Cambyses, que ordenou ao criado:

– Vá buscar os filhotes de Usna!

Usna era a grande cadela que fazia parte de seus entretenimentos diários e cada irmã adotara um de seus filhotinhos.

Ao ver os mimosos cãezinhos nos braços das irmãs, virou-se para o servo que segurava a jaula:

– Solta o Fogo! – ordenou, referindo-se ao filhote de leão.

Em seguida, instigou o leão para cima dos filhotes de Usna.

– Que travem uma luta! – ordenou Cambyses, sabendo que seu leão era mais forte.

Esmérdis, preocupado com o desfecho da história e as intenções do irmão, sabia que não valia a pena contrariá-lo.

– Deixem-no – sussurrou para as duas irmãs.

– Não, Esmérdis, não o meu! – gritou Aristona, apavorada, abraçando-se ao encantador filhote.

Enquanto isso, Atossa, abraçada ao outro cãozinho, tentava fugir.

Cambyses olhou-a irritado e agarrou-a pelo braço, ordenando:

– Fica!

– Estás me machucando!

Sem ligar, voltou-se para o escravo que, indeciso, segurava a porta da jaula.

– Solta-o da jaula! – exclamou o príncipe, raivoso.

O leão foi solto imediatamente, para a briga.

Sem piedade, Cambyses o instigou.

– Vai, Fogo, busca tua carne fresca!

O animal escancarou a boca, correndo atrás do cão de Atossa, que era apenas um meigo cãozinho.

Bastou o leão entrar em cena, para iniciar a gritaria. Começou a luta desigual, ante o olhar apavorado de suas irmãs.

O filhote de Usna defendeu-se das garras, debatendo-se valentemente, enquanto que o outro cãozinho permanecia preso pela corrente na mão de Esmérdis.

O filhote, no entanto, vendo o irmão preso, ficou aflito e, num momento de descuido de Esmérdis, soltou-se e atirou-se com toda a fúria contra o leão, travando uma briga intensa para salvar o irmão. Infelizmente, o leão estraçalhou o valente cãozinho, enquanto o outro conseguiu fugir.

A terrível cena marcou profundamente a alma dos irmãos.

– Odeio Cambyses! – exclamou Atossa, injuriada com o que assistira.

– Nosso irmão é um doente mental – disse Aristona, tentando amenizar a sua raiva.

– Não o defendas, Aristona, Cambyses é mau e eu desejo que ele desapareça! – exclamou Atossa com verdadeiro ódio.

Nunca mais se esqueceram deste fato e da atitude daquele que, no futuro, tornar-se-ia rei e a quem elas deveriam se submeter.

Infelizmente, Cambyses seria rei absoluto e seus destinos estariam em suas mãos.

As duas irmãs de Cambyses eram suas meias-irmãs e cada uma era filha de mães diferentes.

Aristona, a mais jovem, era belíssima, inteligente e meiga. Atossa já possuía uma beleza grosseira, cujo espírito atrasado denotava um gênio perverso e mesquinho.

Ambas, porém, permaneciam sob a tutela de Ciro e, desde pequenas foram entregues a Cassandana para serem educadas. Ciro as queria tornar princesas do reino. Elas serviriam para serem enviadas a futuros reis como preciosas mercadorias.

Cambyses na Babilônia

Passou-se o tempo.

Ciro e seu exército saboreavam suas conquistas. As grandes riquezas amontoadas davam-lhes suporte para muito tempo em descanso. Os generais e soldados que se destacavam, ocupavam, junto ao rei, postos relevantes.

Desta vez, Cambyses acompanhou seu pai a Ecbátana[1], onde estava concentrado grande tesouro.

O jovem príncipe, ao montar seu belo animal, perpassou um olhar altivo aos seus irmãos e jogou um beijo para sua mãe, depois acenou e disse:

– Voltarei!

– Queira Deus que Cambyses pereça por lá! – praguejou Atossa, quando se viu a sós com a irmã.

– Não fales assim, Atossa, Cambyses é nosso sangue e nosso futuro rei – disse Aristona, preocupada.

– Não sabes que ele pretende me tomar por mulher, esperando apenas a morte de nosso pai? – falou tristemente Atossa.

– Impossível, se estás prometida a Dario... – disse Aristona, que sabia da conversa entre seu pai e Hystaspes, o pai de Dario.

---

1 - Ecbátana: Capital do reino dos Medos, fundada no final do século VII a.C. Atualmente chama-se Hamadan.

– Muito me apraz tal decisão, pois Dario me agrada e casando-me estarei, com certeza, minha irmã, muito longe das garras deste malvado... Nem sabes o quanto anseio mudar-me deste palácio infernal! – exclamou feliz Atossa com a notícia.

Tanaoxares, ao contrário de Cambyses, gostava do silêncio do templo. Seu espírito meditativo e calmo era o preferido das irmãs, a quem tratava com respeito e tinha paciência em ouvir suas queixas infantis.

Estando as irmãs a conversar, Tanaoxares Esmérdis aproximou-se com ares de mago, vestido em linho branco e a faixa lilás na cintura.

Esmérdis sonhava tornar-se um grande sacerdote.

Sorridente, fez uma observação que, por certo, agradaria às suas irmãs.

– O templo nunca esteve tão movimentado! – exclamou em tom maroto.

– Por quê? – estranhou, Atossa.

– As oferendas de hoje, dariam para alimentar uma tribo – respondeu com enigmático sorriso, que foi logo entendido.

– É por causa de Cambyses... – disse Aristona, que compreendeu logo a alusão.

– Os escravos, mutilados por ele, fizeram suas dádivas para que os deuses o persigam e ele nunca mais volte – explicou Esmérdis com um sorriso enigmático.

As irmãs deram uma gargalhada, pelo menos estariam livres dele por um bom espaço de tempo.

Todos os que antipatizavam com o primogênito sentiam-se aliviados e ofertaram dádivas aos deuses para que Ciro não perecesse na guerra, pois se Cambyses assumisse o poder eles estariam em grande perigo.

Conselhos paternos

O amado rei havia conquistado o coração dos babilônios e dos judeus por suas felizes concessões e por isso gozava de grande conceito entre os povos escravizados.

Os reinos da Média, da Babilônia e da Grécia, a ele submetidos, fundiam-se, agora, formando a Mesopotâmia[1].

Faltava-lhe dominar o Egito para completar suas conquistas. Mantinha relações amistosas com os egípcios que, em parte, já lhe pertencia, pois o faraó Amásis[2] lhe pagava tributo, através da aliança que havia feito com Creso[3], o rei da Lídia. Formando uma boa política, Ciro deixava que os egípcios se mantivessem autônomos. O grande governador tinha seus olhos voltados para além do rio Jaxartes[4] – queria conquistar o país dos Massagetas[5]. Difícil enfrentar aquelas tribos bárbaras, que tudo fariam para defender as fronteiras orientais.

---

1 - Em 539 a. C Ciro havia conquistado o vale da Mesopotâmia e a Caldéia, formando o poderoso Império Persa).

2 - faraó Amásis: Amásis (Ahmes ou Ahmose) II (? - 525 A.C.): Rei do Egito (569 a.C. - 525 a.C.), durante a XXVI dinastia. Faleceu pouco antes da invasão persa de Cambyses II.

3 - Creso, rei da Lídia: Creso: Último Rei da Lídia (560 a.C. - 547 a.C), um antigo Reino situado na parte oeste da Ásia Menor. Creso estendeu seu território até ao rio Hális, mas acabou sendo derrotado por Ciro II.

4 - rio Jaxartes: Atualmente Syr Darya (ou Syrdarya), um dos principais rios asiáticos que se extende do Kazaquistão ao Uzbequistão.

5 - país dos Massagetas: Massagetas: Termo dado por Heródoto para designar a tribo nômade conhecida pelos persas com Mâh-Sakâ e que teriam vivido ao longo do Rio Jaxartes.

– Meu pai, – disse o príncipe – tenho uma meta ao acompanhar-te.

– Qual seria esta meta, meu filho? – indagou Ciro, analisando as intenções de seu herdeiro.

– Meu desejo é tornar-me senhor do Egito. E não descansarei enquanto não subjugar este povo. Não compreendo por que ainda não o subjugas, meu pai!

– Oxalá, meu filho, trata-se de povo muito religioso, poderás conquistá-los ganhando-lhes a submissão, desde que não os impeças de reverenciarem a Deus. Caso contrário, não hesitarão em se rebelarem. Preferirão a morte, a renunciarem à sua religião. À semelhança dos babilônicos, pois somente lhes consegui a confiança depois de lhes permitir perpetuarem seus cultos e tradições. E o que há de mal? – filosofou Ciro, adepto do Zoroastrismo[1]. Cambyses mordeu o lábio inferior, contrariado, porque discordava das idéias religiosas do pai.

– Cada povo tem sua crença e o modo peculiar de reverenciar a Deus – aconselhou, sabiamente, Ciro.

– És muito tolerante, meu pai. Já penso que todos devem se submeter à vontade do soberano. Quando governar, destruirei os deuses que adoram e os farei vergarem-se à minha vontade! – exclamou cheio de raiva daqueles judeus que impunham sua vontade.

– Qual é o Deus que os ensinaria a reverenciar, Cambyses? – indagou-lhe o pai, irônico, porque o filho era avesso às práticas religiosas de seu país.

---

1 - Zoroastro ou Zaratustra e seu código moral (o Avesta) constituía a religião oficial adotada por Ciro. O profeta Zoroastro recebeu instruções através de Ahura-Mazda, criador do céu e da terra. Seus cultos eram realizados em plena natureza e seus seguidores adoravam o fogo, o elemento sagrado e purificador. Ingeriam o ahoma (bebida alucinógena) para terem visões. Quando o rei aboliu este uso, porque estava prejudicando seus adeptos, os que não ficaram satisfeitos formaram uma sociedade secreta. Esta sociedade desenvolveu-se na Média e criou uma escola de magos que praticava seus cultos, às ocultas, com o sacrifício de animais e pessoas.

Cambyses silenciou.

O pai aguardava sua resposta com um sorriso nos lábios.

Depois insistiu, curioso, pois já havia sondado as tendências de seu querido filho e desconfiado de suas práticas misteriosas:

– Dize-me, filho, que Deus é este?

Ante o olhar penetrante de Ciro, o jovem príncipe respondeu, nervoso:

– Moloch! – A palavra saiu sufocada de sua boca.

Ciro deu uma gargalhada.

Em seguida, muito sério, fitou Cambyses profundamente nos olhos:

– Moloch, antiga deidade do mal? Ah! Todos fazem questão de esquecê-lo!... Tu queres reacender sua chama? Ah! Cambyses, todo persa deve temer o Mal como a noite teme o dia! Jamais se guiar pelas potências do Mal e dos cultos malsãos! Não sabes, meu filho, que Ahura-Mazda representa o Bem eterno? O Bem vencerá todo o Mal. A alma que habita o corpo sobreviverá e prestará contas a Deus de seus atos.

Preocupado com as paixões do filho excêntrico e com o destino de seu povo, quanto às secretas reuniões do antigo culto, Ciro, pacientemente, aconselhou-o:

– O culto a Moloch pertence à legião do mal. Esquece-o, Cambyses! – ordenou o pai. – Os babilônios fazem questão de esquecer Moloch e seu fogo destruidor. Jamais o pronunciam desde que adotaram a Marduk[1] – afirmou, desejando evitar um confronto entre seu filho e os babilônios.

A Pérsia sofria a influência das tradições religiosas dos

1 - Marduk era o principal deus da Babilônia.

assírios, dos babilônios, dos gregos e dos medos. Ciro acreditava na imortalidade da alma e oficializara o Zoroastrismo como a religião persa, mas para manter a ordem interna o sábio rei tolerava os cultos de seus conquistados.

– Vê, meu filho, desde que nossas gerações adotaram Zaratustra como o profeta abençoado, tudo começou a entrar em ordem. Peço-te que mantenhas a harmonia entre os povos, enquanto que Moloch apenas fará sofrer barbaramente a quem com ele se envolver... Ele é o próprio Arimã!

Cambyses calou-se, porque vinha cultuando Moloch e praticava magias, ele e alguns jovens, às ocultas.

Seu pai julgou que seu silêncio expressava consentimento, depois continuou:

– Bem, Cambyses, quero que conheças minha estratégia, porque ela tem sido o sucesso de minhas conquistas. Não se governa bem com imposição. Quanto aos povos, melhor torná-los felizes enquanto escravos, deixando-os livres nas práticas religiosas – explicou, referindo-se aos judeus. – É muito humilhante para um rei tornar-se escravo de outro rei. Pensa melhor, Cambyses, um dia, não me terás para contemporizar...

Ao que Cambyses respondeu altivo:

– Quando este dia chegar, meu pai, terei todos os povos enfeixados num só governo, então a Pérsia será o povo, e o povo falará o meu idioma e obedecerá a um só Rei!

Era inútil discutir com o filho e sua juvenil irreverência. Olhou-o compadecido e, como se visualizasse o futuro, falou:

– Ah! Meu filho querido, como te enganas, pensando que uma batalha se ganha apenas no primeiro momento. Um Rei escravo, aliado ao Rei dominante, é a chave do sucesso. Assim se quebra a força do inimigo. Destarte, aproveita-se do que os outros povos têm para nos oferecer!... Como te enganas, filho! Um rei prescinde de cetro e coroa para governar, leva-se tempo para que os conquistados se aclimatem... Pensando em tudo isto, mais vale ter um aliado sob os pés, que todo um povo submisso à força e revoltado. Não é fácil, Cambyses, manter a ordem perene, não se pode descuidar a nenhum momento das satrapias[1].

Cambyses admirava o grande monarca à sua frente, mas não conseguia gravar os seus sábios conselhos. Reconhecia a mão férrea do rei que estreitava os laços de suas conquistas, mas não admitia a tolerância religiosa.

Ciro parecia adivinhar suas dificuldades e alertou:

– Jamais te esqueças, Cambyses, que os povos, no futuro, se vergarão a um só Deus: o Deus Bom. Dia virá, em que um Profeta, um homem apenas, será capaz de unir todas as nações e estabelecerá o seu reinado legítimo entre o céu e a terra. Assim falou o profeta Zaratustra e está inserido no livro sagrado.

As palavras do rei o confundiram. Moloch falava alto a seus sentidos. Aquele profeta de que seu pai se ufanava, permanecia muito distante e irreal.

As noções religiosas adotadas na Pérsia, e o julgamento das ações de cada ser por um Deus Bom, como a liberdade de escolher o caminho entre o bem e o mal, confundiam a mente do príncipe persa, que pendia para o culto do mal.

Na verdade, a essência desta doutrina antiga era a de despertar nas consciências a responsabilidade de seus atos.

– Estás a dar azo a estes judeus, ó meu pai – reagiu ele, crítico. – Logo mais haverá um templo em cada canto do país! – disse Cambyses desejando se livrar daquele

---

1 - satrapias: Cada uma das províncias em que estava dividido o antigo império persa.

assunto inoportuno e julgando as atitudes condescendentes de seu pai, incoerentes para com a religião persa.

– Não, meu filho, o verdadeiro sentimento persa está no coração e na adoração à natureza! Não se deve obrigar estes povos a uma instrução que a sua mente não compreende – explicou Ciro, mais uma vez. – Desde Ciaxares[1] é assim que tem sido! Um persa verdadeiro jamais erguerá altares e templos. Por que necessitarmos de templos, senão este da natureza exuberante e a abóbada azul que nos cobre?

– Estes judeus, meu pai, querem templos suntuosos, enquanto nós erguemos altares ao fogo e amamos a vida livre e o disco solar que nutre o chão... Esqueceste, por acaso, do sangue aquemênida que corre em nossas veias? – argumentou Cambyses, que não concordava com os largos recursos que seu pai dispensava às construções dos templos judaicos.

– Nossa religião nos pede a tolerância. Jamais te esqueças!

Cambyses calou-se, porque assim falava o profeta Zaratustra.

Ciro, então, aproveitou aquele instante, julgando que seu filho o pudesse compreender:

– Nunca te esqueças, ó Cambyses, pois serás meu sucessor. Escuta, os judeus declararam-me servo de Yahweh...[2] É a maior honra que me concederam e alguns acreditam que seja eu o enviado de Deus, mas após conversa particular com o grande mago, eu te afirmo que eles se

1- Ciaxares II, filho e sucessor de Fraortes, conquistador meda. Foi o verdadeiro construtor do Império Medo. Cerca de 612 aC. tomou Ninive e depois conquistou a Mesopotâmia.

2 - título dado pelos judeus a Ciro, por sua tolerância religiosa e por lhes ter permitido restaurar seus templos e retornarem a Jerusalém. Nota do autor Espiritual.

enganam, pois o Deus que virá em carne e osso não conhece as guerras e nem o mal. Ahura-Mazda reinará no Eterno.

– Que novo Deus é este, meu pai, tão covarde? – disse em tom zombeteiro de quem nada enxerga.

– Os livros sagrados narram que seu poder é soberano sobre todo o mal e todos se vergarão ante ele, sua conquista será eterna, Ele sim, é o ungido do Senhor absoluto. Ele é o Príncipe da Luz que banirá toda a treva do mundo... É o Ahura-Mazda!

– Meu pai, pobre soberano cuja cabeça se enche como taça de vinho das idéias destes semitas![1] – zombou Cambyses, afrontando o pai, ansioso para interromper aquela conversa.

– Enganas-te, Cambyses, o poder do rei é tão passageiro e incerto, que amanhã, tu ocuparás o meu lugar, se me sobreviveres... Somos apenas seres mortais!

Ciro desejava prepará-lo melhor, pois contava com ele para continuar o destino de seu império, mas somente o tempo poderia modificar seu filho.

---

1 - semitas: Família etnográfica e lingüística, originária da Ásia ocidental, e que compreende os hebreus, os assírios, os aramaicos, os fenícios e os árabes.

Cambyses, vice-rei da Babilônia

A família real encontrava-se em Persépolis[1], onde, diariamente, caravanas chegavam carregadas de tesouros conquistados em Ecbátana.

Meses depois, a família e a corte se transferiram para a Babilônia, onde Ciro tinha grande interesse em permanecer por mais tempo, a fim de desfrutar da longa jornada e das grandes conquistas alcançadas.

Era o momento propício para coroar Cambyses.

Foi com grande entusiasmo que a real caravana se pôs a caminho a fim de assistirem à coroação de Cambyses na Babilônia.

Ciro, considerado pelos judeus o enviado de Yahweh, rendeu-se aos rituais judaicos e lhes permitiu restaurar os templos. Decretou a sua volta à terra prometida; tal atitude eliminou as discórdias políticas e religiosas e seu conceito cresceu entre aqueles homens arraigados às suas leis e tradições.

Que importância teria aquele deus Marduk, a quem a Babilônia caldaica se vergava? Desde que mantivessem a paz e pagassem os tributos...

---

1 - Persépolis se tornou a capital do antigo Império Persa aquemênida à época de Dario I, sucessor de Cambyses II; foi incendiada por Alexandre Magno em 331 a. C.

Ciro reconhecia, também, a força dos magos orientais que ouviam os espíritos e adivinhavam o futuro. Ele procurava tirar total proveito para si próprio e seu povo.

Proclamado rei da Babilônia, todo o Próximo Oriente agora lhe pertencia.

***

A idéia de tornar Cambyses vice-rei contrariou seus assessores, que julgavam o rei precipitado, mas quem ousaria contestar as suas resoluções?

– Hystaspes, – chamou o conselheiro – enquanto Cambyses assume o trono, iremos nós buscar o país dos massagetas, pois tenho grande interesse naquele lugar de pedras preciosas e outras riquezas. Anexarei valioso território ao meu império, forçando a fronteira oriental.

Não agradava a Hystaspes, principal conselheiro do rei, ver Cambyses ocupar o trono. “Ele é um louco”.– pensava.

Hystaspes estava ligado ao rei pelos laços consangüíneos, quis ainda intervir, mesmo sabendo que seus rogos de nada valeriam.

– Devias aguardar mais um pouco, majestade, mais trinta luas! – retrucou o conselheiro, referindo-se a Cambyses.

– Como ousas pensar que é cedo, Hystaspes, Cambyses II tem idade suficiente para fazer valer sua autoridade.

– Idade sim, mas pouco juízo – ousou Hystaspes, que detestava Cambyses.

O conselheiro intencionava ver Dario, um de seus filhos, ser mais tarde coroado rei aquemênida, restaurando o antigo reinado da Média. A aliança entre ele e a princesa

Atossa era o primeiro passo, mas Cambyses e Tanaoxares constituíam um empecilho a seus projetos.

Sentia-se no direito de opinar. Excluindo os dois sucessores legítimos de Ciro, caberia a Dario, seu filho, a chance de subir ao trono da Pérsia e da Média.

Infelizmente, Ciro afastava qualquer hipótese que retardasse a coroação.

O soberano percebeu as intenções do primo e, para que não deixasse mais dúvidas quanto à sua decisão, encarou-o com o olhar chamejante de poder e sorriu melífluo:

– Não te preocupes, Hystaspes, teu filho permanecerá junto a Cambyses como seu tenente mor.

Hystaspes fingiu não perceber a ironia e fechou o semblante.

Ciro perpassou um olhar altivo a seus conselheiros e ordenou:

– Preparem a coroação de Cambyses!

Nenhum deles ousou mais contestar.

Estava feito.

Cambyses, um rebelde

Ciro e seu filho conversavam, acomodados no terraço de pedra.

– És jovem! Terás tempo para aprender! Vamos à luta! Verás, meu filho, que aceitando a Marduk, teremos os babilônios submissos à nossa vontade!

Cambyses mostrava-se rebelde às idéias paternas.

No plano espiritual, percebia-se nitidamente que o príncipe persa sofria o assédio de entidades malignas ligadas ao culto de Moloch. Enquanto seu pai insistia, sua fronte tornava-se escura e sombria, prestes a ter uma nova crise.

Aquelas perversas entidades espirituais, antigas deidades do mal, não lhe davam tréguas. Emergiam de seu passado milenar, do sacrifício de inocentes criaturas ao deus do mal, molestavam sua alma para vingar.

Eram as vítimas de Moloch, atormentadas pelo sangue e pelo fogo que lhe cobravam paz. Uma voz grossa e rouca falava dentro de sua cabeça, concitando-o a obedecer ao pai e depois fazer tudo quanto eles queriam. Aquela voz sinistra não brincava com ele. Procurou, então, mudar a sua tática rapidamente.

Cambyses percebeu que seu genitor jamais lhe cederia, não teve outra alternativa, senão obedecer:

– Será como quiseres, meu pai!

– Assim é que se fala, Cambyses! – exclamou o pai beijando-o nos lábios.

Ciro retirou do anular um anel de esmeralda e entregou-o a Cambyses.

– Aqui tens meu selo!

Primórdios cristãos

O grande rei permitiu aos judeus retornarem para Jerusalém, reabilitou seus templos e lhes concedeu falarem em suas línguas. Seu harém foi acrescido de mais de duas mil escravas judias, todas belas e jovens.

A cultura persa, sob a influência dos gregos e de todo o Oriente Próximo, sofreu grande modificação nos costumes, nas leis e na fé religiosa.

Os povos escravizados receberam o Avesta, que incorporava da grande Índia a idéia do bem e do mal e a superioridade do bem sobre todos os fatos. Sob a égide do profeta Zaratustra, Deus preparava o seio da Mesopotâmia inserindo a sua sagrada lei: "Não façais aos outros o que não queríeis que vos fizessem".

O ensinamento do profeta era um verdadeiro chamamento do homem ao dever, implantando o temor sobre o destino dos maus e a glória sobre o destino dos bons.

O lendário profeta Zaratustra foi um dos enviados de Jesus à terra para preparar, no seio da Mesopotâmia, um código de Ética, capaz de levar o Homem a pensar num ser supremo, no dualismo entre o Bem e o Mal. Um convite a se afastar das potências do Mal e se tornar merecedor da Luz.

Naquele emaranhado de povos bárbaros, de línguas e

culturas, uma mistura de pensamentos e ideais formava, paulatinamente, nova sociedade que, no futuro, receberia Jesus como o messias que viria redimir o mundo.

Cambyses II, porém, recusava aquelas idéias para seguir seu culto a Moloch e ao haoma[1], o mesmo culto que seu avô, sanguinário guerreiro aquemênida, defendeu até a morte, cujo nome e características ele havia herdado[2].

1 - haoma: Espécie de narcótico tóxico utilizado na Antiga Pérsia para comunicação com o mundo espiritual em rituais de sacrifícios animais; seu uso foi combatido por Zoroastro.

2 - Ao tempo de Cambyses, avô de Cambyses II, os persas se vestiam de peles de lobos e se transformavam em próprios lobos numa dança frenética sob o efeito da planta alucinógena e elevavam altares de fogo, sacrificavam seres humanos e bebiam o sangue de suas vítimas e depois partiam para a guerra como lobos vorazes. Aplicavam os sagrados conhecimentos da religião para se fortalecerem na guerra. – (Nota do autor espiritual)

A coroação

Enorme séqüito seguiu o rei.

Cambyses mordeu os lábios, tentando se controlar.

Seu olhar demonstrava a pressa em se ver livre daquelas honras, para ele, medíocres e enfadonhas.

Seu pai insistia em que sua coroação se realizasse frente ao deus Marduk.

Tamanha inquietação d´alma provocou nele um violento ataque. A cerimônia foi adiada.

Bailarinas, ao som de tambores, deram início a uma extravagante coreografia programada para a cerimônia, e ninguém mais se preocupou com o jovem rei.

Instantes depois, pálido como um cadáver, Cambyses submeteu-se aos rituais babilônicos.

Vestiu a roupa sacerdotal e acompanhou a cerimônia que nada lhe significava.

Enojado da carranca que deveria reverenciar, abaixou-se, encostou a testa ao solo, em profunda vênia. Disfarçadamente, cuspiu ao chão.

Depois daquele acontecimento, aumentou a expectativa em torno dele. Cambyses, com o semblante altivo, o olhar frio e distante, finalmente ouviu três vezes a mesma frase:

– Cambyses II, meu filho, coroado vice-rei da Babilônia!

Os súditos reverenciaram o grande rei e seu filho.

Três vezes se abaixaram e gritaram:

Cambyses, nosso rei!

Ciro respirou aliviado e Hystaspes fechou o punho de raiva.

Dario acompanhou toda a cerimônia ao lado de Atossa e Aristona. O invejoso pretendente da coroa disfarçava seu descontentamento, pensando com qual das duas deveria fazer aliança.

O longo ritual estendeu-se noite adentro. O esforço que Cambyses fizera para se controlar, extenuou-lhe as energias e, após a coroação, ele foi afastado, porque sobreveio nova crise epiléptica.

Aquele sombrio jovem, a quem deveriam doravante se submeter, não agradou aos babilônios, mas nada se podia fazer ante a vontade de seu soberano.

Todos, em respeito, ajoelharam-se quando ele saiu.

Doze dias e doze noites de festas precederam a cerimônia da coroação com lautos banquetes, danças, oferendas de flores e animais na entrada do Ano Novo babilônico.

***

Após a coroação, Ciro retornou a Pasárgadas[1] para reorganizar seu exército e construir uma ponte. Despedira

1 - Pasárgadas: Capital da Pérsia durante o reinado de Ciro II, situada a cerca de 87 km a nordeste de Persépolis.

alguns mensageiros, com caríssimos presentes, na tentativa de propor uma aliança à rainha dos massagetas, sua próxima conquista.

– Partiremos para o Sul! – ordenou a seus generais.

Ciro, despótico, parecia uma grande árvore, em cuja sombra todos se deleitavam.

O rei, apesar da idade, conservava-se forte e belo. Ninguém conseguia ultrapassá-lo em sabedoria e presença. O grande magnetismo que ele irradiava não comportava rivais. Sua personalidade era sempre envolvida por um bando de bajuladores que o copiavam nas mínimas atitudes. Ciro, vaidoso, se deleitava com aquelas disputas infantis.

Reuniam-se, geralmente, sob enorme tenda, enquanto descansavam os camelos e cavalos. Ciro pronunciava longos discursos a seus generais, que descansavam entre bocejos, bebidas e belas escravas. Ele oferecia a seus generais lindas mulheres para entretê-los. As mulheres que eram descartadas jamais retornavam a seu harém.

Outras reuniões de caráter oficial aconteciam, no interior do palácio, com a presença de alguns magos e sacerdotes que rodeavam Ciro. Momentos em que eram incluídas no Avesta, novas leis sobre os cultos e seus efeitos. Estas reuniões obedeciam a um caráter menos mundano.

– Todos os meninos neófitos terão suas cabeças raspadas – decretou o rei.

– Todo homem que tenha pelos no rosto usará cabelos longos.

– Os sacerdotes usarão a mitra em ocasiões próprias.

Um secretário anotava, em tabuinhas, aquelas leis de usos e costumes.

Naquele emaranhado de cultos e religiões era preciso

decretar algumas normas necessárias aos filhos dos escravos.

– Os filhos de babilônios serão submetdos à circuncisão. – continuou o soberano.

– As mulheres prestarão obediência e serviço e serão mantidas, em alojamento separado, aquelas que estiverem imundas.

Cambyses ouvia atento, analisando aquela corte que, mais tarde, faria parte de seu dia-a-dia. Aguardava apenas seu pai se retirar com as tropas para impor livremente sua vontade, como soberano.

Herdara de seu pai o espírito guerreiro e destemido, mas sua ansiedade em dominar os inimigos, torná-los escravos, desfrutar das belas escravas era enorme. Queria levar novamente Moloch ao palco, ao sabor de suas paixões. Ficava demasiadamente nervoso.

Esmérdis

Tanaoxares Esmérdis ordenara-se mago.

O mago exultava quando o pai e os soldados se afastavam para as campanhas de guerra. Meses em que o palácio e a cidade se esvaziavam e os cultivadores do campo enchiam os celeiros e os artesãos trabalhavam incansáveis.

A cidade ficava serena. Todos podiam se deleitar em caçar javalis e treinar pontaria com arcos e flechas. Correr livres pela floresta.

Os dois irmãos haviam participado dos cultos babilônicos, dos judeus e dos semitas e tinham compreendido a essência filosófica de cada fé.

Todos os povos cultuavam o sacrifício de animais, à exceção dos Citas, que ainda sacrificavam seres humanos.

Esmérdis, dedicado à magia, havia alcançado os sete estágios, enquanto Cambyses, sob o efeito da haoma, perdia-se na busca do Eterno.

Cambyses e alguns companheiros aproveitavam a ausência de Ciro para perpetuarem o culto a Moloch.

Para isso, ele e um grupo de jovens se dirigiam às montanhas, nos lugares mais desertos, onde se erguiam altares de pedra em plena natureza. Acendiam fogueiras, assentavam-se em círculos, enquanto um deles atirava ao fogo castanhas da árvore sagrada. As castanhas queimadas exalavam uma fumaça e um forte cheiro que os embriagava e alguns começavam a ter visões.

Nas entranhas dos animais e no sangue das vítimas, acreditavam desvendar o futuro e se tornarem mais fortes.

Essa droga atuava em seus cérebros provocando visões e alterações fisionômicas. Seus olhos se dilatavam, o nariz e a boca pareciam aumentar como se estivessem inchados.

Esmérdis criticou o irmão pelos excessos, pois aquele ritual perigoso que atraía os jovens tinha conseqüências muito graves. Muitos guerreiros se excediam e, depois daquele culto, perdiam a razão ou ficavam imprestáveis, outros sucumbiam.

Cambyses, entretanto, não lhe quis dar ouvidos, porque era sob o efeito daquela droga e daquele ritual que todo o seu potencial energético surgia.

– Estás te excedendo, Cambyses, poderás perder totalmente os sentidos. Recordas-te de Abdias, o mago, que morreu tão jovem?

– Sim, mas ele era fraco e covarde – respondeu, despreocupado.

– Muitos aboliram o sacrifício de seres humanos – disse Esmérdis, que não aprovava aquele ritual com o sacrifício de vidas humanas. – Olha os babilônios... – continuava Esmérdis para convencê-lo.

Cambyses fez um muxoxo.

Esmérdis insistiu:

– Nosso pai é considerado, por eles, um enviado do próprio Deus! É um dos eleitos de Israel! Deram-lhe a maior honra. E se descobrem os nossos cultos ao luar? Criarás tamanha inimizade, e não sei se valeria a pena, Cambyses...

– Se temes *o licor* dos deuses, Esmérdis, nada posso fazer. Não me submeterei a mudanças.

– Não mais participarei, Cambyses – disse enfim Tanaxoares, cansado de duelar em vão.

– Tu irás, amanhã! – ordenou, Cambyses altivo.

– Não poderás me obrigar – reclamou sereno, Esmérdis, sem se intimidar.

– Preciso que vás, Esmérdis, peço-te – insistiu Cambyses com doçura na voz. – Somente mais esta vez. Imploro-te, não me deixes!

Esmérdis continuava indeciso.

Cambyses riu do irmão.

– És um grande covarde, irmão, por que não experimentas? Todos os teus poderes aumentarão! Afinal, o que temes? Somente irás ganhar!

– Não – respondeu, prudentemente, Esmérdis.

Cambyses calou-se.

Aquele silêncio fúnebre convenceu Esmérdis de que ele não estava bem. Conhecia todas as suas fraquezas, mas temia abandoná-lo às extravagâncias de seus cultos nas montanhas.

– Prexaspes te fará companhia – disse, convicto, Esmérdis.

– Eu sei, mas necessito de ti – tornou a lhe pedir.

– Talvez eu vá, pela última vez – disse Esmérdis, dando-lhe uma esperança.

Não estava disposto a participar do ritual. Mas, quem levaria Cambyses de volta ao lar? – pensou, ciente da sua louca imprudência.

Cambyses não conhecia todos os efeitos daquela planta

maldita e temia uma perigosa reação, Esmérdis olhou ao seu redor, viu Prexaspes e chamou-o:

– Prexaspes, não podemos deixar Cambyses só – pediu Esmérdis, preocupado com o desfecho daquela próxima noite enluarada. Eu não confio em Dario.

Para Cambyses, nenhum culto era mais emocionante que aquele sob o luar. O culto só terminava com o sacrifício de inocentes crianças e jovens, ou de um boi, na falta dos primeiros.

Tudo estava propício, Ciro já havia partido para Ecbátana.

Tanaoxares não queria abandonar Cambyses.

– Prexaspes, irei, mas saibas que será a última vez. Ciro aboliu tais práticas e, se nos descobre, seremos banidos – explicou ao amigo.

Culto a Moloch

Cambyses aproveitou a ausência de seu pai para realizar seus desejos.

Aquele extravagante culto acontecia raramente, mas deixava marcas horríveis na alma de quem dele participava.

Sob o belo luar da Mesopotâmia, cantos e tambores anunciavam a chegada do rei.

Moloch estava horrendo entre as duas colunas de pedras, em cujas pontas erguiam-se duas tochas que iluminavam suas faces. A enorme máscara pintada estava envolta num cocar de penas vermelhas e brancas, o corpo vestido com uma pele de tigre e plumagens brancas nas extremidades. Ninguém poderia jamais adivinhar quem estaria ali sob aquele terrível disfarce.

Moloch parecia um animal, um pássaro, um ser das entranhas da terra, o próprio gênio do mal ali encarnado, qualquer fosse a pessoa que, sob sua aparência, se escondia.

Os tambores batiam baixos e, aos poucos, os sons tornaram-se ensurdecedores. As vítimas surgiram carregadas em macas, quase nuas.

Uma das vítimas ostentava a pele muito alva que ressaltava sob a luz do luar: era uma jovenzinha, a última vítima daquela cerimônia.

Nenhum mortal poderia registrar cena mais macabra.

Uma flecha atravessou a ponta de seus seios eretos.

A criança, sob o efeito da droga e do medo, estremeceu apenas.

Duas lágrimas escorreram dos tristes olhos quando um fino punhal retirou seu órgão genital e depois o coração, que foi entregue a Moloch, que primeiro bebeu o sangue e, depois, entregou-o a Cambyses que, impassível, sorveu aquele líquido vermelho ainda quente das entranhas de sua vítima.

Aquele gesto acabou por exaurir o resto de forças do infeliz príncipe que, não suportando o peso daquele momento, fechou os olhos e desmaiou.

Nem sequer viu a vítima ser colocada entre as duas colunas e ofertada ao deus malsão das trevas.

No dia seguinte, nenhum daqueles jovens ousava comentar sobre o ritual.

Em seus rostos adivinhava-se uma tortura íntima a sugar-lhes as energias. Eles todos pareciam feitos de cera e, tais quais zumbis, ficavam melancólicos, nervosos e irritadiços, amolecidos e insatisfeitos por vários dias.

Cambyses encerrava-se no leito com febre altíssima e era tratado com poções de remédios e compressas na região frontal.

Esmérdis, igualmente, fugia para o recolhimento e ficava dias em completo jejum e orações até passar o terrível mal-estar.

A doença

Ciro partiu para a grande planície do Irão, mas adoeceu durante a viagem. Febre e dores na testa não lhe deram sossego.

Foi trazido, às pressas, de volta à Pasárgada.

As dores na região ocular, que se estendiam por todo o crânio, acabaram por aniquilar o valoroso monarca.

Nenhum médico conseguiu curá-lo.

Então, apelaram para a ciência egípcia.

– O rei ordena que tragam um médico egípcio, apenas eles sabem tratar este mal com eficiência – disse Xenefrés, secretário do rei, aos oficiais.

Imediatamente, partiram alguns súditos com tesouros para que trouxessem, à presença do rei, o melhor médico do Egito.

O Egito, governado por Amásis, era o único povo que permanecia pagando tributos a Ciro, mas independente.

Amasis recebeu a notícia com um leve sorriso. Detestava aqueles bárbaros persas, apesar de suas relações amistosas.

– Não é bom que provoquemos estes malditos persas – disse a Psamético, com um sorriso estranho.

– Trazei Udjahorresne! – ordenou o governador do Egito.

Amásis referia-se ao oficial médico que lhe causava sérios problemas e viu, naquela oportunidade, uma desculpa para descartá-lo.

Mas, o oficial não recebeu a incumbência com bons olhos, porque conhecia as intenções do faraó e sua antiga implicância para com ele e suas idéias de abrir os portos, também aos árabes.

Udjahorresne foi obrigado a se separar de sua família a quem amava com desvelo e sentiu seu coração se incendiar de ódio por Amásis e seu filho Psamético.

" Amásis não pode se vingar pelas minhas idéias, não desse modo! – suspirou. – Ah! Mas eles não perdem por esperar!"

O médico deixou o Egito, prometendo a si mesmo que se vingaria daquela afronta.

***

Cassandana, experiente enfermeira, tudo fez para aliviar as dores de Ciro e, jubilosa, recebeu o terapeuta que adentrou no palácio, disposto a tudo fazer para curar o rei, cativar sua proteção e depois se vingar do faraó.

– Minha cabeça parece um martelo. Não suporto mais, Cassandana, creio que morrerei – reclamou o rei.

– Acalma-te, meu senhor, o médico egípcio está manipulando os remédios.

O médico tratou o rei.

Dias depois estava bem melhor. Udjahorresne ensinou a Cassandana algumas práticas de medicina.

A mulher, feliz em demonstrar ao soberano seu novo

aprendizado, exultou com os efeitos que seus cuidados exerceram sobre ele.

A vida de Cassandana, na velhice, tomava outro rumo. Apesar de nunca mais ser procurada por Ciro para servi-lo como mulher, agora assumia seu antigo posto, cuidar dele.

– Udjahorresne, tudo farei para que recuperes tua mulher e filha a teu lado; um homem tão bom como és, não merece ser infeliz!

– Ah! Soberana, se todos pensassem assim!...

Selava-se uma grande amizade e o médico passou a fazer parte dos nobres conselheiros do rei.

Um funeral

Ciro recuperava-se, lentamente, daquela terrível doença. Certa noite, acordou desolado, por causa de um terrível pesadelo.

– Vou morrer! – exclamou suando e trêmulo.

Cassandana, vigilante, vendo-o remexer-se na cama e virar de um lado para outro, foi até ele.

– O que te acontece, meu senhor? – perguntou-lhe, preocupada.

A esposa, que lhe devotava grande amor, era a única mulher que entrava naquele aposento.

Udjahorresne havia lhe ensinado como fazer algumas compressas úteis, mas agora não se tratava de doença física.

Ciro não tolerava a claridade e explicou:

– Quando o dia amanhecer, depois das orações, contar-te-ei o que vi. Somente quando Airimã tiver ido – disse o rei, aguardando o alvorecer, tal era a sua preocupação.

Desde que adoecera, uma sombra vinda do Amenti o acompanhava por todos os flancos, e sofria de delírios febris, que o deixavam exausto. Todos aqueles sintomas levavam-no a se preocupar com um possível fim.

Cassandana colocou os incensos preferidos de Ciro, preparou as almofadas sobre alcatifas e ficou aguardando.

Finalmente, o dia amanheceu e assim que os primeiros raios do sol entraram no aposento, Ciro saudou o disco solar com uma venda branca nos olhos e reverenciou a Deus:

– Ahura-Mazda!

– Ahura-Mazda!

– Ahura-Mazda!

Fez suas abluções e orações e, finalmente, se acalmou.

Cassandana esperou-o, pacientemente, para ouvir o terrível pesadelo que sofrera à noite.

Ciro começou a dizer pausadamente:

– Sonhei com um real cortejo. Acredito que meu fim se aproxima.

O rei descreveu o funeral, como se fosse o seu.

Já havia algum tempo que aquelas sombras o perturbavam, nenhum sacerdote conseguia acalmá-lo e nenhum sacrifício ou doação aos deuses resolviam aquele problema.

– Acalma-te, meu senhor, o profeta virá abençoar-te, és justo e magnânimo! Talvez te poupem e sacrifiquem outro em teu lugar! – disse para animá-lo.

Os raios solares aumentaram e, com uma cortina, Cassandana diminuiu a claridade.

– Não findarei sem concluir meus últimos desejos. Acredito que chegou o momento de reunir todos. Não quero as pompas antigas, pois a morte nos iguala, como esta dor que ainda teima sobre meus olhos; nem todo o meu ouro é capaz de amenizá-la.

Depois ordenou a um servo:

– Traze-me Cambyses, é preciso prepará-lo.

O fiel servo do rei saiu à procura de Cambyses.

Despediu outro a procura do médico:

– Traze-me Udjahorresne.

Udjahorresne, quando no Egito, fazia parte da casta sacerdotal. Fora praticamente banido de seu país e a gratidão que Ciro lhe tinha por tê-lo curado, fizera dele, agora, seu grande aliado.

Cassandana, fervorosamente, orava a Deus, enquanto aguardava o médico e o filho.

O primeiro a chegar foi o médico.

Logo que este entrou no aposento imerso em tênue luz, acercou-se de seu real paciente, examinou-o e disse:

– Em menos de uma semana estarás apto a ver a luz e toda a névoa se passará, ó, Soberano.

Ciro esboçou um sorriso descrente e falou, convicto de sua morte:

– Tua medicina é eficiente, mas as sombras me atacaram sem piedade, nesta noite. As sombras ameaçadoras da morte a ninguém poupam; logo meu corpo se deitará no solo, então verei a luz de Mazda. É esta luz que haverei de ver!

Udjahorresne compreendeu o delírio do rei e nada disse, porque seu aspecto físico apresentava grandes melhoras. Queria falar-lhe sobre o outro mal que o assaltava, quando ouviram um barulho.

Era Cambyses que entrava sombrio e angustiado. Ele, também, não tivera uma de suas melhores noites.

O rei alegrou-se com a presença dele, estendeu-lhe a mão e disse:

– Meu querido filho, Cambyses II, precisas ouvir-me.

– Sim, meu pai, aqui estou – respondeu Cambyses ajoelhando-se numa perna e segurando a mão do rei em sua destra.

As sombras ameaçadoras da morte pareciam se aproximar e envolvê-los.

Ciro estava lúgubre e sua voz rouca pausada, mas firme, adiantava ao filho querido suas últimas recomendações.

– Ahura-Mazda, com seu poder, virá me envolver e não quero me perder nas trevas do abismo. Quero me despojar de todo o mal praticado e no Avesta está escrito: Fazei do inimigo, amigo; fazei do iníquo, justo; fazei do ignorante, instruído. Não quero altar e tampouco que me idolatrem. Desejo ir para o monte, que me enterrem junto à natureza; à sombra dos cedros construam meu túmulo em nossa divina Pasárgada. É lá, ó Cambyses, meu filho, que deverás me colocar. Escreva sobre o meu túmulo: " Mortal, eu sou Ciro, que firmei o Império dos Persas e governei a Ásia: não invejes o meu túmulo".

Atento às instruções de seu pai, Cambyses, ajoelhado ao leito, deitou seus lábios descorados em sua destra em profundo respeito.

– Cambyses, ouve-me, pela última vez. Sê persuasivo, filho meu, herdeiro de meu país, O Fogo Eterno queimará as impurezas da alma. Distribui alimentos, flores e perfumes a Deus, Ele apenas ouve a prece do justo. Não sacrifiques as donzelas nem as crianças, porque eles têm alma e derramam o sangue que ferve nas artérias. Sê piedoso, filho, com teu inimigo, pois ele te pagará a misericórdia com o suor de seu trabalho o que já é uma humilhação. Tens meu exemplo, Creso tornou-se meu grande amigo e seu espírito veio do túmulo agradecer-me. Vê, ninguém morre. A alma sobrevive e encontra Deus. Constrói em meu túmulo, Cambyses, duas colunas gregas na entrada em homenagem a Creso, este pórtico é o símbolo de nossa amizade. Os magos zelarão por meu túmulo e cuidarão de que tudo fique na mais perfeita ordem para que ninguém o assalte. De onde estarei haverei de receber os presentes que me forem ofertados. Meu desejo agora é dividir o meu reino entre tu e Tanaoxares, para que não haja dúvidas.

O grande monarca fez uma ligeira pausa e Cambyses enxugou-lhe o suor, depois continuou:

– Vou partir, desejo pronunciar um discurso antes de minha morte, reuni todos da casa e os diletos, daqui a dois dias ao pôr-do-sol.

Ciro acreditava que ia de fato morrer, e, dois dias depois, ocorreu um grande tumulto no palácio.

Sua família e seu povo estavam ali com o semblante fúnebre e muitos não haviam dormido porque passaram a noite em orações e abluções em torno de lareiras incandescentes pela saúde do rei.

A despedida

Não se podia conter a multidão à porta do grande palácio cheio de colunas talhadas em pedras. Palestinos faziam orações e ofertas no templo principal para que o rei se curasse.

O pórtico, guardado por duas estátuas de touros alados, fora todo enfeitado por guirlandas para receber o rei.

Dois enormes touros ajoelhados formavam as colunas para compor a apadana onde o rei se assentou, pálido, mas firme.

Ciro ostentava roupa em púrpura e dourado, seu belo rosto e seu porte ereto de rei não lhe davam aspecto de quem estava prestes a morrer. Como a palavra de rei era a última a ser dada, ninguém ousou contestar.

O real harém encontrava-se em rebuliço. Os guardas eunucos caminhavam agitados acendendo círios e incensos por todos os cantos.

As mulheres não continham o choro e a desgraça parecia invadir os corredores.

Os lamentos descontrolados cessaram ao som grave de um portador:

– Calem-se, o rei vai falar!

Muitos acreditavam que ele era o escolhido para salvar

o povo da servidão, aquele que os profetas haviam anunciado e se encontrava registrado nas escrituras, o livro sagrado dos judeus.

Ciro, filho de Cambyses I e de Mandane, princesa da Média, era o último rei aquemênida, muito amado por seu povo.

Os tambores e as trombetas calaram-se e o oficial anunciou:

– Vai falar Ciro, Senhor da Babilônia, Senhor da Lídia e Senhor da Média, Rei dos Persas, Rei de Anshan!

Vários secretários anotavam em tabuinhas as últimas palavras do soberano.

A fúnebre cerimônia tinha como objetivo sua despedida e determinar aos filhos, territórios e obrigações.

Mobilizou todo o reino e chamou o principal sacerdote do templo para a cerimônia dos sacrifícios.

Depois de entregar a Deus alguns alimentos, flores e pequenos animais, o rei estava devidamente ungido e preparado para adentrar no reino da morte. A grande fileira de magos fez um semi–círculo ao redor da apadana e aguardaram, solenes, o pronunciamento do grande monarca.

O magnânimo rei acreditava na sobrevivência da alma e na comunicação dos espíritos, convicto da superioridade do Bem sobre todo o Mal, não temia a morte.

Durante o jejum a que se submeteu, Ciro teve uma visão em que o espírito de Mandane, sua mãe, lhe falava:

– Meu filho, Ciro, usa a tua autoridade aquemênida e unge teus filhos de amor, porque Cambyses e Tanaoxares necessitarão de tua proteção e sob a tua égide deverão reinar.

Ante o conselho materno que vinha do reino da luz, desejou conciliar seu vasto trono e acabar com as discórdias entre seus filhos e conselheiros do Império.

Abriram-se as portas e grande número de pessoas adentraram, lotando a sala de audiências.

Os presentes aguardavam seu pronunciamento, em estranha expectativa.

O momento era patético, afinal ele não se encontrava tão ruim assim para morrer.

Solenemente, Ciro fez longo discurso sobre seus grandes feitos, ante os bocejos dos próprios súditos.

Somente os interessados ficaram mais atentos, quando o rei se referiu à divisão de seu reino entre os dois filhos varões:

– Sou o Rei dos Reis. Meu poder se estende por toda a Ásia e a Europa. É momento de passar o meu reino; nada melhor que destinar a meus filhos o que recebi de meu pai e o que conquistei com a bravura do sangue aquemênida que me corre nas artérias. A ti, Esmérdis Tanaoxares, deixarei o governo da Média, da Armênia e dos cadúsios. É verdade que terás mais facilidade que teu irmão, quanto às províncias orientais. Teu governo será mais ameno. Não terás tributos para arrecadares, poderás cuidar da religião e da educação.

– A ti, Cambyses II, meu primogênito, destinarei a coroa de todo o Império. Reinarás soberano, auxiliado por Tanaoxares. Quero que saibas que não é este cetro de ouro que te conferirá o poder. Os amigos fiéis são o verdadeiro cetro dos reis. Não é o temor que te dará amigos, mas a beneficência. Terás por aliado Tanaoxares Esmérdis. Que maior honra ter-se um irmão como aliado? Tanaoxares é o único que poderá governar contigo sem excitar inveja.

O rei fez uma pausa.

Grande silêncio reinou.

Ciro continuou sua despedida e últimas orientações a Cambyses:

– Minha alma ainda vive em meu corpo, está oculta de todos. Não julgues que as almas dos inocentes que foram mortos não sobrevivem. Sobrevivem e voltam para cobrar a infâmia e o ultraje. Estas almas têm poder. Senão não teríamos o culto que se tributa aos mortos!... Depois da morte, a alma se torna transparente como durante o sono e se vai de um lado a outro. Todas as ações são vistas por Deus. É durante o sono que, muitas vezes, a alma prevê o futuro e pode se aproximar da divindade.

O discurso ainda durou alguns instantes.

Ante o espetáculo do momento e a despedida do rei, alguns descontentes fecharam os semblantes.

Aquele quadro parecia irreversível.

A lei era esta: rei morto, rei posto.

Altivo e estranho, Cambyses não era bem visto pelos atuais conselheiros, mas era o predileto do rei.

Impossível evitar o gênio indômito de Cambyses II. Nada surtia efeito sobre seu acanhado universo de futuro déspota.

Hystaspes quis dissuadir o rei a lhe entregar o trono, este, porém, nem sequer se dignou a olhá-lo.

– Hystaspes, a aliança entre Dario e Atossa lhe dará o direito de permanecer junto ao rei e sucedê-lo em suas ausências.

Ninguém mudaria o destino de Cambyses e da Pérsia.

Estava escrito.

O herdeiro real ouviu as palavras paternas sem se alterar. Suportou os olhares de seus parentes e daqueles em quem ele reconhecia como ferrenhos inimigos. Altivo e frio, recebeu suas vibrações como dardos venenosos a lhe machucarem a pele. Um frenesi percorreu seu corpo, mas conteve-se.

Dario, num canto, olhou-o com verdadeiro ódio disfarçado de indiferença.

A autoridade do monarca que lhe pedia cautela e proteção à família, e a solenidade do momento, constrangeram-no a ouvir o longo discurso.

Impassível e indiferente, ninguém podia desvendar o que ia naquela alma altiva aprisionada num corpo delgado.

As marcas de sua doença e o estigma do mal sagrado, eram observados com medo.

A família e os súditos, ao ouvir a oração de seu grande rei, quedaram-se pensativos: Como fariam, se este lhes faltasse? Aquele imenso exército e o vasto território estendiam-se num vale de riquezas inigualáveis até o colossal tesouro em Pasárgadas.

Dario não se conformava com as decisões soberanas e, em particular, confidenciou ao pai:

– Em breve afastaremos este bestial Cambyses. Meu casamento com Atossa, meu pai, é necessário ser concretizado o quanto antes.

– Acalma-te filho. Ainda não é o momento aprazado. Quem sabe, Ciro não pereça e ele tem planos para marchar rumo aos massagetas. Antes disto terás concretizada a tua aliança com Atossa e quando Ciro e o exército estiverem longe, descartaremos Cambyses e Tanaoxares.

Hystaspes não imaginou que suas palavras estavam certas, porque Ciro não morreu daquela doença.

O destino, no entanto, contrariou os funestos presságios de Ciro.

Para o alívio geral, o grande rei permaneceu ainda alguns anos na Terra.

Luto no País

Meses depois, o rei continuava vivo e disposto.

Udjahorresne confirmou suas predições:

– Ó majestade, estás bem disposto, saudável. Não creio que morras tão breve!

– Folgo em ouvir-te, por isso pôr-me-ei a caminho do meu destino além do Jaxartes, pois a ponte se encontra quase concluída – explicou Ciro, completamente feliz.

Hystaspes, a sós com o rei, investiu em seus planos:

– Ciro, meu filho ama Atossa, por que não os unirmos antes de nossa viagem pelo Araxo?[1]

– Tens razão, Hystaspes, assim ficaremos guarnecidos e Dario ficará em Ecbátana.

Desse modo concretizou-se a união de Atossa e Dario, enquanto permaneceriam, na Babilônia, Aristona e Esmérdis com o vice-rei da Babilônia.

As núpcias dos filhos atrasaram a campanha em alguns meses, tempo suficiente para que o exército fosse organizado.

---

1 - Araxo (Araxes): Rio situado no nordeste da Turquia e que faz fronteira com Armênia e Irã. Atualmente chama-se Áras.

Nesse ínterim, Cassandana sofreu um colapso repentino e morreu.

Este sim era o real cortejo que o rei havia previsto ao qual ele e o povo deveriam assistir. Os cuidados de Cassandana para com o rei, valeram-lhe as honras de um belo funeral.

Decretou luto em todo o Império...

O destino, porém, cumpria seu curso.

Nunca se viu tanta pompa em um cortejo, porque Ciro, ao prantear Cassandana, enterrava com ela o seu fúnebre pesadelo.

Passado o susto, o povo acalmou-se, comemorando em longa festa a vida do amado rei.

O povo acreditava que Ahura-Mazda lhes outorgara mais sete anos de glória junto ao magnânimo rei, sacrificando Cassandana.

Outro pesadelo

Após as comemorações da morte de Cassandana, passado o luto, Ciro e seu exército partiram para o próximo combate. Ao se encontrarem nas proximidades do rio Araxo, outro pesadelo tumultuou a mente do monarca.

Preocupado, chamou Hystaspes na tenda real.

– Hystaspes, aproxima-te – ordenou.

Hystaspes, ao vê-lo pálido, com duas enormes olheiras que assinalavam seu mal-estar, preocupado, perguntou-lhe:

– Dize-me, Ciro, não estás bem?

– Dormi sob este sol e tive uma visão que me alarmou – respondeu o rei, desanimado.

– Que novo presságio se apoderou de ti, Ciro?

– A visão diz respeito a ti, nobre Hystaspes, pois teu filho, Dario, surgiu-me como um conspirador do reino. Duas enormes asas estavam sobre seus ombros; uma cobria toda a Ásia e a outra, a Europa. Tudo me leva a crer que teu filho esteja tramando algo contra mim e meu império. Por isso quero que vás à Pérsia verificar o que se está passando lá.

Hystaspes franziu a testa, preocupado com a visão de Ciro e com aqueles espíritos que lhe revelavam segredos tão íntimos.

Ciro continuou:

– Se meu sonho for verdade, saberás me dizer, quando eu retornar da guerra. Quero que traga Dario à minha presença para interrogá-lo. Por enquanto tenho que avançar contra os massagetas.

Hystaspes, depois de ouvir o rei, argumentou:

– Ó grande rei, não acredito que um persa tenha a idéia de atentar contra tua vida. Atossa e Dario selaram alianças com tua permissão. Nas veias de meu filho, também, corre o sangue meda. Ele tem por ti a mesma consideração quanto a mim que sou seu pai, mas se sonhaste, majestade, meu dever é obedecer-te. Cuidarei de tranquilizar-te.

Suas palavras acalmaram o rei, mas este não desistiu e argumentou convicto:

– Não se pode duvidar de uma visão à luz clara do dia, Hystaspes. Devido aos laços que nos unem, ordeno-te que certifiques a veracidade de meu sonho. Lembra-te do sonho que tive sobre o real cortejo? Pois, agora, temo por algum de meus filhos. Sabemos que a alma, durante o sono, se aproxima de Deus, encontra-se em liberdade e prevê o futuro.

Hystaspes calou-se e procurou atender ao rei imediatamente.

Na verdade, aquele sonho revelador apenas serviu para Hystaspes alertar Dario quanto à sua fidelidade ao rei e suas obrigações para com a Pérsia. Pelo menos enquanto Ciro vivesse, devia respeitar a coroa.

Dario, mais jovem que os filhos do rei, teria tempo para reinar, no futuro.

O conselheiro retornou ao acampamento convicto de que, nem ele e nem Dario tomariam qualquer atitude contra o rei ou seus filhos. O soberano estava ungido e protegido por aqueles malditos judeus. Escolhido dos deuses, Ciro certamente tinha faculdades que lhe conferiam poder para desvendar o futuro, pensou o conselheiro, acalmando seus anseios e de seu filho.

Dario, a pedido do pai, escreveu longa carta testemunhando sua fidelidade à coroa e ao Avesta, que foi entregue a Ciro e este se convenceu da sinceridade de seu genro.

Passaram-se alguns anos e o episódio foi esquecido.

Ciro, porém, não suportou as intempéries do deserto, a árdua guerra e sucumbiu, deixando perplexos seus soldados e amigos.

Cambyses, ao receber a trágica notícia de que seu pai havia sido morto em pleno combate, soltou um grito de dor e, ante a inesperada situação, ordenou aos seus súditos:

– Irei, agora mesmo, encontrar Ciro, meu pai.

Uma caravana real encontrava-se com outra, era o filho que buscava o pai para lhe dar o sepultamento tal qual ele ordenara.

Todo o reino pranteou o magnânimo e querido rei.

Em Pasárgadas, por vários anos um cortejo de pessoas ia ao túmulo do rei ofertar-lhe presentes de todos os tipos.

Segunda Parte

Cambyses II, Rei absoluto

Cambyses II tornou-se o soberano herdeiro do imenso Império.[1]

O jovem rei persa assentou sobre o trono de pedra e decidiu cumprir sua antiga promessa, invadir o Egito.

Muitas decisões sérias deveriam ser tomadas, antes da nova empreitada.

A primeira foi definir a área de seu irmão, Tanaoxares.

– Esmérdis, tu governarás as províncias orientais. É esta a decisão de nosso pai – disse Cambyses, senhor do cetro e da coroa. – Hystaspes, tu ficarás no governo em minha ausência e os nobres continuarão em seus postos.

O rei voltou-se para Dario, que ouvia tudo com os lábios contraídos e o olhar chamejante de ódio.

Dario controlou-se porque sua situação não lhe permitia desabafar sua ira. Julgava Cambyses louco e imbecil e Esmérdis um fraco, metido a mago.

– Dario, tu me acompanharás ao Egito como meu lugar-tenente – ordenou Cambyses a seu cunhado.

Era a sua segunda decisão.

(*) 529 aC

O soberano encontrou sérias barreiras, pois não era fácil tomar o posto do pai, cuja personalidade forte parecia abarcar a todos que ainda o pranteavam.

Cambyses necessitava de valorosos companheiros para a sua ambiciosa empreitada – conquistar a terra mística dos faraós.

O antigo oficial de Amasis[1], o médico que havia curado Ciro e por ele ordenado conselheiro de Cambyses, conhecia todas as estratégias de seu país e seus conhecimentos facilitariam a entrada dos persas no Egito.

As vias comerciais e todo o litoral do Mar Egeu pertenciam à Pérsia, e Cambyses, aliando-se aos Fenícios e Cipriotas, atacaria o Egito por terra e por mar.

Estava a um passo de se tornar senhor absoluto de todo o Próximo Oriente.

Udjahorresne, conhecendo as falhas de seu país, uniu-se a Cambyses, facilitando-lhe a invasão pelo deserto da Síria. Atitude prazerosa para ele, porque se vingava daqueles a quem odiava.

A morte recente do faraó Amasis favorecia aquela empreitada, pois Psamético III, seu filho, não era um bom governante.

1 - Ahmés II, da XXVI dinastia.

Batalha de Pelusa [1]

Ao partirem para Pelusa, Cambyses havia definido toda a sua estratégia.

Udjahorresne, decidido a se vingar do faraó, ansioso por rever sua família, era o mais indicado para conselheiro de Cambyses. Tudo faria para auxiliá-lo na conquista do Egito e valeu-se de um grande guerreiro grego.

– Majestade, encontra-se entre nós, Fanes, o valoroso guerreiro das tropas egípcias, disposto a nos conduzir até Pelusa – disse Udjahorresne, decidido a levar seu projeto até o fim.

Cambyses sorriu, satisfeito com aquela união, antevendo a vitória.

– Que esperas, Udjahorresne? Por que ainda não me trouxeste tal homem? Traze-me Fanes, imediatamente!

De fato, Fanes, de Halicarnasso, era um fugitivo de Psamético que procurou amparo na Pérsia. Ele vinha alimentando ódio contra Psamético que o perseguia mortalmente. O único jeito de se safar, era unir-se a seu pior inimigo.

---

1 Em 525 aC, Cambyses apossou-se do Egito.
Pelusa: Antiga cidade do Egito, na parte nordeste do delta do Nilo.

– Como fizeste, guerreiro, para te safares do faraó? – indagou Cambyses, sondando se poderia, realmente, confiar-lhe sua estratégia.

– Embriaguei os soldados com vinho, soberano – respondeu, irônico.

Cambyses deu uma sonora gargalhada. Era o homem que lhe faltava para vencer o maldito faraó.

Assim, aliado a Fanes e auxiliado por Udjahorresne, sua vitória era certa.

Depois, ficaram na sala apenas o rei e seu amigo Prexaspes.

– Prexaspes, aproxima-te, pois necessito que acompanhes Esmerdis a Ecbatana.

O antigo companheiro, sem compreender a preocupação de Cambyses, aguardou novas explicações.

– Desconfio de todos à minha volta, tenho minhas noites tumultuadas. Devo respeitar as palavras de meu pai, pressinto que algo pior que uma guerra me ameaça o sossego – monologou o soberano, dando largas passadas e as mãos para trás.

O peso da responsabilidade pesava-lhe nos ombros quanto às últimas decisões.

– Achas que Dario merece nossa confiança, Prexaspes? – perguntou, enfim, procurando se aconselhar e confiando naquele amigo de infância.

– Não te compreendo, majestade, tu mesmo o nomeaste para o posto de lugar-tenente? – estranhou Prexaspes, embora estivesse acostumado às mudanças súbitas de Cambyses.

– Sim, eu o elegi, porém, nesta noite, percebi claramente um lampejo irônico em seu olhar, que me causou náuseas. Não posso levá-lo comigo para o Egito – disse Cambyses, com uma ruga de preocupação a se formar em sua fronte morena.

– Sendo tu quem tudo decide, ó Cambyses, torna-se muito fácil modificares o destino de qualquer pessoa. Deixa Dario na Pérsia!...

– Não posso – respondeu insólito o rei.

– O que te impede, então? – perguntou intrigado, Prexaspes, acostumado às reviravoltas de Cambyses e suas mudanças de humor.

– Nada me impede, Prexaspes, peço-te que vigies este homem o mais que puderes, até que prove sua lealdade para comigo – concluiu Cambyses, ainda contrariado. – Deixar Dario na Pérsia seria entregar-lhe meu reino. Por acaso te esqueceste que Hystaspes é seu pai?

Prexaspes ficou intrigado, mas não insistiu, Cambyses devia ter suas razões, embora Hystaspes fosse sempre o fiel conselheiro de seu pai.

– Tanaoxares não é suficiente para reinar em tua ausência, majestade?

– Sim, mas o Bardya ficará desguarnecido sem a minha presença. A verdade é que preciso de Hystaspes com sua experiência. Ademais, Prexaspes, tenho em mãos uma carta de Dario a Ciro, cujo assunto anterior desconheço, e por que teria meu primo escrito tal carta? Ciro teria suas dúvidas? São perguntas que me acodem sem respostas. Precisaria que o espírito de Ciro retornasse à vida para me explicar. Um documento que jura lealdade a seu soberano, faz-me pressupor que alguma dúvida fora anteriormente levantada.

– Poderás perguntar ao próprio Dario, majestade... – argumentou Prexaspes.

– Não, não. Estou certo de que ele se esquivaria, é

melhor que pensem que eu de nada desconfio – disse Cambyses confiando a Prexaspes.

Prexaspes desconhecia o documento e somente agora compreendia a real preocupação de Cambyses.

Naquelas semanas antes de partirem, o comportamento de todos os conselheiros seria avaliado por Cambyses, que se mantinha alerta.

A morte do faraó do Egito, Amasis, favorecia-lhe. Os egípcios estavam desunidos e enfraquecidos. Era o momento ideal para os persas atacarem.

Cambyses e seu exército demandaram para Pelusa, onde estavam Psamético III, filho de Amasis, e seu exército a esperá-los.

Cambyses investiu contra eles com toda a fúria de sua alma.

A farsante

O real harém estava tumultuado, as mulheres inquietas, como se algo ruim as ameaçasse.

Daliris era uma bela escrava egípcia, recentemente capturada. Na verdade, ela vinha como uma armadilha, mas os soldados de Cambyses aprisionaram-na com as outras mulheres.

Esta egípcia, ao ver Esmérdis, apaixonou-se perdidamente. Aquele súbito interesse era inexplicável.

A escrava, sensual e atrevida, começou a perseguir o mago. Fugia do harém e se escondia no templo para espioná-lo e descobrir seus segredos.

Esmérdis, iniciado nas ciências ocultas, aprendia a arte da meditação e se afastava envergonhado da ousadia da insinuante mulher, que não perdia tempo em assediá-lo.

Aconselhava-a:

– Se Cambyses te apanha me perseguindo, Daliris, será teu fim, esquece-me! Sossega-te no harém.

Daliris não era uma escrava comum, o objetivo de seu comportamento estranho era descobrir fórmulas mágicas. Ela era uma espiã que, intencionalmente, se deixara prender na primeira investida do rei ao Egito.

Firme no propósito de envolver Esmérdis, mas sem

resultado, começou a pensar que ele não se interessava por mulheres. A resistência do mago, somente lhe exacerbava os instintos bestiais.

Observava todos os movimentos do rapaz e um ciúme surdo nasceu em sua alma. Que segredos lhe preenchiam a vida, para ignorar os carinhos de uma mulher pronta a lhe saciar todos os instintos?

Verdadeira obsessão se apossara dela.

Tomara-se de ciúmes doentios por qualquer pessoa que dele se aproximasse, não importava o sexo.

A rotina do palácio se modificou depois da morte do rei.

Daliris decidiu declarar seu amor a Esmérdis e entrou, clandestinamente, no templo a fim de espreitar o mago e se confessar. Seu peito arfava descontrolado. Por que aquele homem compenetrado de sua ciência era-lhe tão caro?

Sua alma fervia de ansiedade quando, por entre as colunas grossas do templo, ela avistou dois vultos abraçados.

Aproximou-se furtivamente e divisou um casal. A mulher, envolta em mantos leves, soluçava.

"O que se passa aqui?" – pensou, aborrecida.

Quase deu um grito quando o casal se virou e ela reconheceu: Esmérdis e Aristona.

Tão envolvidos estavam que não a perceberam.

– Esmérdis, já não sei mais o que fazer, Cambyses me persegue o dia inteiro, eu o temo, seu olhar me amedronta.

– Eu te protegerei Aristona – dizia Esmérdis, abraçado à irmã e beijando sua face molhada.

Daliris viu a cena comprometedora e, daquele momento em diante, acreditou que os dois irmãos eram amantes. Cheia de ódio e ciúme, decidiu se vingar, cruelmente.

" É por isso, então, que o imbecil me recusa!" – pensou, mordendo os lábios de ciúmes.

Na mente da egípcia, os dois irmãos eram amantes e ocultavam do rei o seu amor.

" Então este é o seu segredo. Eles me pagam!"

Convicta daquilo que vira, sua imaginação cresceu. Se o rei soubesse poderia alterar aquele quadro, favorecendo-a.

Era intrigante e audaciosa mulher, e tudo faria para se aproximar de Cambyses.

Quem poderia avaliar o desfecho de seu comportamento?

* * *

No harém real, as coisas continuavam esquentando.

Daliris aproximou-se, inquieta, com alguns planos a fomentar-lhe o cérebro.

– Arina, qual é a próxima mulher que irá para o rei? – perguntou à amiga, sem disfarçar sua ansiedade.

– Nunca se sabe, talvez uma, talvez dez. O rei jamais age como um homem comum – respondeu a velha e experiente escrava. – Por que queres saber, Daliris, irá alterar alguma coisa?

– Não, nada, mera curiosidade, mas gostaria de conhecer o rei pessoalmente... Tenho alguma coisa diferente para lhe ofertar.

– Não se meta com ele, o que falam dele não é invenção! – alertou-a, Arina, sussurando em seu ouvido.

– Eu lá temo alguma coisa, mulher?

O diálogo favoreceu a escrava. Arina, dias depois, informou-lhe que o senhor visitaria o harém real e suas mulheres o veriam.

Chegou o dia esperado.

O rei entrou no harém de inopino.

Um bando de eunucos, que guardava o harém do rei, fazia mesuras à sua passagem. Cambyses, sem se importar com eles, perpassou um olhar altivo pelas mulheres. Estava muito belo, era jovem e alto e caminhava com desenvoltura por seu harém, como se procurasse uma novidade que o interessasse.

O rei mantinha-se muito ocupado e raramente visitava o harém. Não suportava que conversassem em sua presença.

Daliris estava distraída, enquanto sua companheira arrumava seus cabelos, untando-os com azeite para torná-los mais negros e brilhantes e, pacientemente, começou a trançar o cabelo longo e anelado em dezenas de tranças, formando um penteado extravagante que descobria seus ombros nus e morenos, tornando-a mais sensual.

Daliris observou seu rosto, o pescoço e depois o colo, quando através do espelho viu Cambyses passar pelo harém.

– Pelas barbas do profeta! Cambyses, aqui? – perguntou, disfarçadamente à Arina.

– Sim, é o rei – respondeu Arina, que reconhecera Cambyses. – Cala-te!

Daliris olhou-o através do vidro, instintivamente abaixou o espelho e fitou-o curiosa. Seus olhos se cruzaram num relâmpago.

O rei afastou-se e desapareceu por trás das cortinas.

Daliris sentiu-se incomodada com seu olhar de lince.

– Arina, faze alguma coisa para que ele volte – pediu a amiga.

– Deixa o rei em paz, ele é muito mau e além de tudo sofre do mal sagrado – disse Arina, aliviada, vendo que o soberano se afastava.

– Então faço eu. Dizendo assim, largou a amiga e saiu atrás do rei.

– És muito louca! – exclamou alguém vendo-a passar. – Ah! Se o rei te percebe, mulher!

As mulheres ficavam muito quietas quando o rei entrava e, logo após sua visita, alguma delas desaparecia para nunca mais voltar.

Daliris nada encontrou e retornou ao quarto, desconcertada com sua própria impulsividade.

– Ainda te darás mal, Daliris, com este monarca não se brinca – recomendou prudentemente, Arina.

Aquele episódio ficou esquecido e os dias se sucederam no palácio, sem alteração.

A vingança

Cambyses, no dia seguinte ia para Susa[1] e queria passar a noite se divertindo.

Daliris tanto fez, que conseguiu entrar na fila das mulheres que passariam uma noite com o rei.

Era a sua chance de se vingar de Esmérdis, que a repudiara.

Finalmente, chegou a sua vez. Era a sua primeira noite com o rei.

Ao entrar no aposento real, encontrou o rei deitado sobre almofadas estampadas em cetim. Saboreava deliciosas uvas e nem sequer a olhou, parecia perdido em si mesmo.

A infeliz tudo fez para chamar-lhe a atenção.

Por trás de cortinas coloridas e algumas estatuetas, alguém tocava cítara e cantava à meia-luz uma bonita canção de amor.

O rei estava, naquele dia, entediado, pois seu cavalo preferido morrera.

Ordenou uma bela mulher, apenas uma para o alegrar.

---

1 - Susa: Antiga capital do Elão; foi destruída pelos assírios em 640 a.C. e conquistada pelos Persas em 596 a.C..

Daliris, afoita por conversar e talvez porque ele nem a olhara, ficou ansiosa. A jovem era grosseira e teimosa como uma mula. Não era o tipo de mulher que agradaria ao exigente rei.

A música transmitia romance e calma, mas ela, aflita, esbarrou numa das estatuetas, que caiu ao chão e se espatifou, ruidosamente.

O barulho irritou Cambyses, que se virou contrariado.

– Desastrada! – falou, nervoso.

– Perdão, senhor, não vi – respondeu prontamente.

– Desde quando uma concubina responde a seu senhor? – perguntou irônico Cambyses, percebendo aqueles olhos negros cheios de rebeldia.

A arrogante escrava esqueceu-se de sua condição inferior e respondeu:

– Deixa-me em paz!

Aquilo foi o suficiente para que ele fosse à exasperação.

– Insolente! Como te atreves a falar perante o rei! – exclamou Cambyses, sem compreender a raiva da moça.

Daliris encarou-o firmemente, mas seus olhos lhe respondiam mais que suas palavras.

Cambyses perdeu a paciência e, para corrigi-la, bateu palmas:

Xenefrés entrou:

– Sim, majestade!

– Xenéfres, chibatadas nesta insolente, para que aprenda a baixar os olhos ao rei.

Daliris deu uma risada e sacudiu os ombros morenos e nus para o monarca, ao ser retirada para a sala de suplício.

Quem era aquela mulher que ousava afrontá-lo? Onde vira aqueles olhos de fogo?

Cambyses ficou encabulado perante a atitude inesperada da escrava. Detestou-a, mas sentiu ímpetos de beijar aqueles lábios vermelhos e carnudos e tocar seus ombros nus e sensuais. Sua audácia o atraiu. " Ninguém me afrontou assim...!"

– Xenefrés, espera! – ordenou.

Deu um passo à frente e, sem conseguir desviar os olhos da mulher, por um momento, seu semblante o traiu.

Foi o suficiente para que a imaginação de Daliris tomasse conta.

" Ele me deseja, é isso!" – pensou, orgulhosa de seus encantos.

Ele somente queria vê-la e, com um aceno irônico, virou-se.

Daliris levou uma série de chibatadas e passou o resto da noite recebendo compressas nas feridas.

No dia seguinte, Cambyses não mais se lembrou do fato, preocupado com os preparativos da viagem.

A escrava, contudo, profundamente magoada, sentiu seu corpo todo estremecer de ódio e jurou que se vingaria.

* * *

Meses após o retorno do rei, de Susa, onde organizara seu exército, ele exigiu uma nova comemoração e para relaxar da longa viagem convocou uma escrava de seu harém.

Daliris voltou ao camarim do rei, através de uma ardilosa sabotagem. Embriagou a próxima escolhida e, auxiliada por Arina, conseguiu seus intentos.

Sorriu vitoriosa, ao ver a jovem escrava adormecer.

– Esta não nos aborrecerá, dormirá até o amanhecer. – disse escondendo a outra, depois de fazê-la ingerir um frasco contendo um sonífero.

Depois, Daliris empurrou as mãos de Arina que terminava seu penteado.

– Basta, Arina, desejo uma caneca de água bem fresca, quero molhar os lábios quando entrar no aposento do rei e umedecê-los com mel.

Pretendia usar todo o seu potencial feminino para aquecer o rei.

Daliris esforçou-se por se comportar melhor e não ser reconhecida.

Estava muito bela quando entrou no camarim ao som de harpa, coberta de véus coloridos e dançando. O rei não a reconheceu de pronto.

Encantado com sua beleza sensual, desfrutou daquele momento saboreando vinho e uvas, mantendo-se confortavelmente assentado sobre almofadas de seda.

De repente, o rei se ergueu e ensaiou alguns passos de dança. Dirigiu-se para ela. Ele era alto e Daliris se colocou na ponta dos pés para examiná-lo melhor.

Cambyses, um tanto embriagado e na penumbra, não conseguiu identificar a mulher e continuou dançando e envolveu sua delgada cintura com um véu.

Daliris aproveitou o momento, tocou-o no rosto.

Um recente machucado chamou sua atenção. Era um vergão no queixo, causado por um de seus ataques epilépticos.

– Não me toques! – exclamou Cambyses, como se tivesse sido picado por uma serpente.

– Repele, filho do Osíris, um gesto de amizade? – aventurou a escrava, sem medir as conseqüências

Pego de surpresa pela ousadia da mulher, Cambyses deu um passo atrás e se afastou, contrafeito. Reconheceu-a, intrigado.

Bateu palmas e Xenefrés entrou.

– Quem é esta mulher que ousou tocar-me e chamar-me filho de Osíris? – perguntou indignado com tanta audácia.

Xenefrés voltou-se para a escrava:

– Como entraste aqui? – fez menção de levá-la. – Estás importunando o rei!

Voltando-se para Cambyses:

– Qual o castigo para ela, meu senhor?

Ante a surpresa do oficial, o monarca decidiu:

– Nenhum. Tamanha ousadia é preciso comemorar. Deixa-nos a sós.

Daliris iluminou-se. Era sua vez.

Ambos começaram a beber e trocar carícias. Até que a ladina envenenou-o, contando-lhe o que havia visto no templo.

Cambyses ficou irritado e pensativo, pois sabia que a escrava não mentia.

Esmérdis sempre foi o preferido da irmã.

E Daliris ganhou uma pequena regalia no harém e um pouco de privacidade.

– Quero divertir-me, Xenéfres, chama os eunucos – ordenou Cambyses almejando novas atrações para comemorar sua chegada.

Imediatamente, um grupo de bailarinos começou a dançar para o rei enquanto outros lhe serviam bebidas e iguarias de sua preferência. Aqueles rapazes eram mais interessantes, menos exigentes e mais delicados do que aquelas jovens escravas.

Ao amanhecer

Cambyses adormecera tão embriagado junto aos jovens dançarinos que, no dia seguinte, demorou a compreender o que se passara.

Ao se lembrar de Esmérdis e Aristona, decidiu separá-los. Aristona partiria com ele para o Egito.

O feitiço voltou-se contra o feiticeiro. Daliris também ficaria separada de Esmérdis.

Aquela terra mística o fascinava.

Cambyses não dormia e não pensava mais em outra coisa. Mandava açoitar até à morte qualquer pessoa que o desviasse de seu plano. Todos no palácio ficaram a espreitar e aguardavam o momento certo em que o soberano partiria para a terra dos faraós.

Antes de partir, Aristona procurou Atossa para desabafar:

– Minha irmã, Cambyses me quer para si e me colocou entre suas mulheres. O que mais temíamos irá acontecer – disse Aristona com lágrimas nos olhos.

– Os desígnios de papai se cumprem, Tanaoxares está perdido, também – lembrou Atossa.

– Não temos ninguém por nós, somente este Deus

que Tanaoxares Esmérdis reverencia e Cambyses teima em ocultar – disse Aristona, que conhecia os cultos na floresta, o haoma e suas vítimas.

Ninguém que desejasse sobreviver podia comentar o que se passava na floresta e nas montanhas.

Nada podiam fazer. Cambyses era o rei a quem deviam obedecer.

– Dario não sabe que estive aqui, ele está contrariado e pensa afastar Cambyses do poder. Assim ele e Tanaoxares reinarão juntos. Mas, por enquanto, Aristona, isto é segredo. Não o reveles a ninguém.

As duas irmãs ouviram passos e se calaram, assustadas.

Os passos silenciaram e as duas, disfarçando, passaram a conversar sobre os últimos colares e enfeites que Cambyses lhes trouxera do Egito.

Aristona percebeu a presença de Prexaspes e falou tão baixo ao ouvido de Atossa que somente esta compreendeu.

– É Prexaspes que veio nos espionar.

– Será que ouviu nosso assunto? – perguntou Atossa preocupada.

– Quem irá saber? – respondeu Aristona.

– É melhor nos separarmos agora. Espero que Cambyses não venha a saber do que estivemos falando – aconselhou Atossa, arrependida de sua revelação.

Egito

Cambyses, atraído para o Egito, organizou o exército e partiu para Pelusa, onde Psamético III, sucessor de Amásis o aguardava.

Psamético e seu exército se refugiaram em Menphis quando perceberam sua desvantagem em relação aos persas.

Cambyses não recuou e os egípcios entraram em pânico. Com o apoio dos árabes e os conhecimentos de Fanes, de Halicarnasso, a vitória seria fácil.

O frágil exército de Psamético foi derrotado pelos soldados persas e, dentro de poucos dias, a batalha estava praticamente ganha.

Os outros povos que viviam à margem do Nilo, receosos de que Cambyses os atacasse, começaram a lhe enviar presentes para acalmá-lo.

Os egípcios, enfraquecidos pelo mau governo de Amásis, e, insatisfeitos com seu filho, o inexperiente Psamético, não opuseram resistência a Cambyses.

Desde que a Palestina fora submetida à Pérsia e os árabes se aliaram a elas, o Egito entrou em franca decadência econômica com o fechamento de seus principais portos.

A batalha estava ganha, mas Cambyses desejava

negociar com Psamético e enviou-lhe uma galera com um mensageiro mitileno e alguns soldados. Nenhum daqueles povos havia-lhe imposto resistência e ele estava satisfeito com a passividade do povo egípcio.

Psamético, porém, não aceitou a negociação e ordenou a seus oficiais que destruíssem a galera mitilena que o rei havia enviado. Para punir os mitilenos que ajudavam Cambyses, mandou esquartejar todos os tripulantes e os devolveu a Cambyses.

O poderoso rei, ao ver a sua embarcação reduzida a pedaços e seus súditos mortos, declarou guerra imediatamente.

Fanes, no entanto, pagou caro a sua ousadia. Antes da invasão do Egito, Psamético descobriu sua traição e mandou degolar seus descendentes.

A afronta acabou por enraivecer, de vez, o rei.

Fanes, ao saber o que tinha acontecido à sua família, apesar da dor, sua revolta foi maior ainda. Ele, agora faria de tudo para se vingar.

Mediante a recusa à sua negociação e as terríveis afrontas, eles e o exército partiram com tal fúria que entraram em Sais e Menphis, prenderam Psamético e o humilharam barbaramente. O faraó jamais pensou que sofreria tamanha atrocidade.

Fanes viu os cadáveres de seus filhos e de sua mulher sacrificados, mas ao saber que Psamético havia bebido o sangue de seus descendentes, ficou possesso.

– Cambyses, quero vingar minha família! – exclamou rouco.

– Vingarás, Fanes!

Alguns vizinhos do Egito, ao perceberem a batalha ganha, renderam-se à Pérsia, temerosos, pois a fama de Cambyses havia se alastrado.

***

Cambyses, inteligente e sagaz, não era inferior ao espírito guerreiro de seu pai. Mas suas atitudes diplomáticas eram comprometedoras. Levado pela revolta de seu conselheiro, que desejava vingar sua família, não hesitou em humilhar Psamético e os que o apoiaram e depois entregou-os a Fanes, sem o qual não teria ganho a guerra. Ambos fizeram Psamético e sua família passarem pelas mais bárbaras e terríveis humilhações.

Assim eles vingaram os descendentes de Fanes e os Mitilenos que foram esquartejados.

Logo após ter conquistado o Egito, fortalecido pela vitória, Cambyses estendia suas vistas ambiciosas para a Etiópia, onde riquezas infinitas o aguardavam.

A atitude do soberano agradou a nobreza persa ao restabelecer, novamente, a hegemonia marítima. Os mercadores gregos e fenícios encontravam, assim, portas abertas para entrarem no Egito.

O rei enviou espiões para observarem a vida dos etíopes, o seu próximo alvo.

Cambyses, porém, como previra seu pai, teria muitas dificuldades com os egípcios. Aquele povo trabalhador e religioso merecia um tratamento diferente.

Seria uma boa política deixá-los com suas tradições religiosas e costumes.

A casta sacerdotal do Egito acabou convencendo-o de que não adiantaria tentar modificá-los. O povo egípcio era profundamente religioso e místico e nada faria contra ele, desde que o deixasse continuar com sua tradição religiosa que estava impregnada em seus lares, nas ruas, nas praças e nos templos.

Enfim, o sumo-sacerdote tentava convencê-lo de que, aceitando-os, se submeteriam a todo tipo de serviço.

Cambyses lembrou-se das palavras de Ciro e enquanto o sumo-sacerdote falava, a impressão era a de que seu próprio pai estivesse falando por sua boca.

Algo superior ali estava acontecendo, o que o levou a refletir melhor e, inesperadamente, concedeu-lhes a liberdade religiosa.

Cambyses atendeu àquela voz interior que lhe falava no fundo da alma, quiçá por tê-lo recordado o pai e, respondeu ao sumo-sacerdote:

– Nada farei contra teus templos e deuses, mas ficará por tua conta o abastecimento das casas em cereais e animais.

O Egito produzia alimentos suficientes para abastecer os celeiros por muitos anos e exportar aos países vizinhos. Cambyses, admirado daquela fartura sem rival, permitia aos egípcios continuarem suas tradições, desde que os celeiros se mantivessem abarrotados.

Pela primeira vez tivera uma atitude sensata. O sumo-sacerdote de Menphis saiu satisfeito.

O soberano realizou seu sonho de conquistador, mas havia muitos problemas internos para resolver.

Fanes, seu principal conselheiro no Egito, continuava com a alma amargurada pelos fatos. Ele não adotava a soberania e os métodos sacerdotais e logo anunciou ao rei:

– Cambyses, não achas que estes homens estão querendo manipular-te? Estão longe de te considerarem rei do Egito, pois conhecem apenas ao faraó como seu líder. – Fanes tinha por motivo insuflar-lhe a vaidade e, através de Cambyses, eliminar também aqueles sacerdotes que ele detestava, porque foram coniventes com a morte de sua família.

Os problemas de Cambyses não se limitavam apenas ao Egito. A Pérsia, também, necessitava de sua presença. As notícias que seus secretários lhe traziam não eram alvissareiras.

Os sacerdotes egípcios não atrapalhavam sua ação e, após estabelecer aquele protocolo egípcio que favorecia ambas as partes, ele deveria voltar à Pérsia e resolver assuntos pendentes.

Intrigas e ódio

O conselho de Fanes deixou-o pensativo e na certeza de que deveria se tornar faraó.

Na Pérsia, o governo de Hystaspes não lhe agradava e, descontente, estava decidido a substituí-lo por Esmérdis, seu irmão.

Tanaoxares, entretanto, estava muito entusiasmado com as belezas do Egito e lhe pedira que adiasse, porque gostaria primeiro de se tornar um sacerdote do templo de Amon.

Cambyses, também, almejava entrar nos segredos daqueles sacerdotes e se tornar Faraó do Egito.

O rei não tinha sossego, perdido no emaranhado de intrigas que seus conselheiros fomentavam a seu redor, ora sobre Hystaspes, ora sobre Tanaoxares, ora sobre os sacerdotes de Amon.

Em sua mente doentia formava-se uma nuvem escura e seus ataques se sucediam, freqüentemente.

Não faltou quem lhe envenenasse o coração, dizendo-lhe que Tanaoxares Esmérdis o queria morto por causa de Aristona e que seu irmão pretendia a coroa e o seu lugar

Atormentado, Cambyses perdia noites de sono,

Quando conseguia dormir, seu sono era agitado e tinha pesadelos.

Seu pai lhe aparecia em sonhos pedindo clemência.

Não suportava pensar que seu irmão o estivesse traindo. Numa dessas noites infernais, chamou Prexaspes, seu fiel escudeiro.

– Prexaspes, dizem que Esmérdis pretende matar-me para se tornar soberano da Pérsia. O que me dizes de tais comentários?

– Majestade, não deves dar ouvidos a tais intrigas, porque Tanaoxares não deseja governar toda a Pérsia, já lhe basta o que tu mesmo lhe designaste por ordem de teu saudoso pai. Teu irmão ficaria feliz se ficasse na Média, onde ele tem interesse em residir, futuramente, após completar sua iniciação no Egito.

– Tu achas mesmo que são apenas boatos? – indagou ansioso, Cambyses.

– Quem está fomentando tais idéias, meu senhor? – perguntou Prexaspes.

– Daliris.

– Ah! Esta vadia não se aquieta. Ela tentou conquistar Esmérdis, mas teu irmão recusou-a.

Ao saber daquela preferência, Cambyses não quis conversa, porque a escrava intrigante não merecia sua atenção.

– Prexaspes, desta vez não lhe dês quarenta chibatadas, mas aniquila-a de vez – ordenou Cambyses sem piedade.

Tal decisão acalmou-o um pouco, mas faltava-lhe algo importante, inquietador e somente Prexaspes poderia compreender, então disse:

– Prexaspes, sinto falta de Moloch, necessitamos erguer altares aqui, organiza tudo e prepara uma virgem.

Prexaspes já sabia que o rei pretendia conhecer os mistérios que iam na alma de Esmérdis, porque não tinha se convencido totalmente de sua inocência.

O rei se abstraía de tudo e de todos e era assim que começavam suas loucuras. Sua alma ansiava por se aconselhar com o deus infernal.

Ele havia decidido que, após o culto a Moloch, se fosse confirmada a traição de Esmérdis, o mandaria prender e lhe tiraria o poder sobre as províncias orientais.

Nesse labirinto de sombras e intrigas, sua vida no palácio o impedia de sair calmamente às ruas e desfrutar daquele ar cálido às margens do Nilo.

Dario, seu lugar-tenente, vivia lançando sofismas em sua mente atribulada, ele sim, era o principal membro, no palácio, que o atormentava.

Por isso andava desconfiado dele e de suas maldosas insinuações. Chamou seu escudeiro:

– Prexaspes, não comentes sobre a cerimônia, neste lugar devemos ter cuidado. Nunca sabemos do que estes sacerdotes são capazes. Não quero que Dario participe, desconfio desse homem – ordenou-lhe antes que saísse para cuidar de seus interesses.

Enquanto preparavam a cerimônia, Cambyses se embriagava, contrariado com as intrigas que agitavam o palácio. Sua cabeça girava, assediado pelas entidades do mal que não lhe davam tréguas.

Moloch era a inteligência malvada que o mantinha preso. Apesar dos avisos de Ciro sobre o Bem e o Mal, ele preferia seguir o Arimã.

* * *

Para se acalmar, foi rever seus enfeites e exigir novos serviços para o embelezamento do palácio.

Os egípcios tinham bom gosto e suas casas eram muito enfeitadas. Gostavam de jardins floridos. Não somente as mulheres se ornamentavam com apuro, mas, também, os homens ficavam mais belos, usando jóias e tiaras.

Ao contrário dos persas, vestiam pouca roupa e andavam muito enfeitados.

Os persas teriam muito que aprender com aquele povo ordeiro e sensível que trazia suas casas enfeitadas de plantas e de objetos artísticos e, nas paredes, tapetes bordados e afrescos que retratavam sua vida religiosa e campesina.

O artista Artestes-Dahr

O povo egípcio era bom, educado, mantinha a família na mais seleta ordem.

Religiosos e trabalhadores, mantinham-se unidos e adoravam o Sol de Osíris, costume que foi adotado pelos persas posteriormente, depois da conquista e da adoção dos costumes.

O Baixo Egito produzia as mais abundantes colheitas e lá se encontravam os melhores artesãos, escultores, ourives de cobre, prata e ouro.

Os artesãos esculpiam nos latões, onde o ferro abrasador amaciava o metal. O barulho soava como uma sonora canção. Trabalhavam do alvorecer até o anoitecer.

Artestes-Dahr, era um artesão contratado para esculpir copos, taças, canecas e ornamentos como: braceletes, colares, cintos e uma tiara em forma de coroa, tendo no centro uma vigorosa serpente e uma cabeça de leão. Todos aqueles objetos, destinados exclusivamente ao rei, estavam sendo trabalhados com o maior esmero.

Cambyses queria satisfazer seu gosto apurado e se vestir à moda egípcia. Aristona, sua irmã, e todos os que faziam parte de sua corte estavam aderindo à moda egípcia.

Artestes-Dahr entrou no aposento com as ricas

peças trabalhadas em ouro e prata, sendo esperado pelo soberano.

– Meu senhor, eis as tiaras, os braceletes, os anéis e as canecas, tudo conforme encomendaste.

Cambyses assistiu, impassível, ao desenrolar dos tapetes. Eles continham vários objetos artísticos que foram apresentados um a um. Estavam belos e brilhantes.

Seu rosto estava pálido, agitado, mas seu olhar parecia irradiar fogo e a visão daqueles objetos o acalmava.

Um escravo entregou-lhe, numa almofada, a tiara em que ele mandara representar a serpente e a cabeça de leão frente a frente, parecendo que um queria devorar o outro.

Aristona, ao lado dele, assistia encantada ao desenrolar das peças e, ao ver a rica tiara, verdadeira obra prima, não resistiu ao enfeite e pegou-o para ver a serpente esculpida. De posse do objeto, admirou a obra de arte do jovem artesão e graciosamente quis colocar a tiara em sua cabeça.

Um violento tapa retirou sua mãozinha para longe.

– Não toques, maldita Aristona, esta coroa está destinada a um rei, soberano do Alto e do Baixo Egito e de toda a Pérsia!

Aristona pos-se a chorar convulsivamente, amedrontada com a atitude violenta de seu irmão.

Esmérdis encontrava-se por ali e viu a cena.

Ao ver o querido irmão, sem pensar nas conseqüências, ela correu para os braços dele, que a enlaçou carinhosamente.

Cambyses não estava bem, tornara-se pior do que já era, pensou Esmérdis, preocupado. Algum sortilégio maligno tomara conta de seu irmão.

Esmérdis afastou rapidamente Aristona dali, receoso de que Cambyses, embriagado, investisse contra a pequena flor que atingia os anos mais bonitos de sua vida.

Seu corpo magro começava a tomar formas femininas e sua veste transparente, ornada por colares, deixava entrever o contorno de seu corpo levemente arredondado.

Ao ver que Aristona se refugiara nos braços de Esmérdis, Cambyses sentiu-se ferido e enciumado e não escondeu sua raiva.

A cena deixou todos desconcertados.

O artesão não sabia o que fazer, e mediante aquela desarmonia, que deveria ser comum naquele palácio suntuoso, seu espírito artístico, talvez querendo desviar a atenção para seu trabalho, e constrangido porque simpatizara com aquela meiga jovem, tentou distrair o real cliente.

– Então, Senhor, gostaste? – arriscou-se lhe a perguntar.

Aquela distração momentânea foi o suficiente para o rei deixar em paz Aristona e Esmérdis.

– Fizeste um belo trabalho. Isto é apenas o começo. Tenho uma encomenda muito maior que esta, é o trono do Rei da Pérsia. Farás meu trono, esculpido em ouro e prata, como se brilhasse nele o sol de Osíris, que tanto ama o povo egípcio. Dar-te-ei três meses apenas, pois assentar-me-ei no trono egípcio, far-me-ei senhor absoluto do céu e da terra, do Alto e do Baixo Egito. Almejo o título de Faraó!

Não se ouviu nenhum comentário.

Ele havia conquistado o Egito de ponta a ponta, mas para tornar-se Faraó teria que afrontar aqueles sacerdotes que não simpatizavam com ele e suas idéias e, agora, começavam a atrapalhar seus planos.

– Artestes-Dahr, esculpirás em meu trono, os

seguintes caracteres: Cambyses II, Rei do Egito, da Pérsia e dos Babilônios.

O moço ficou perplexo com tamanha indiferença ao que tinha acontecido anteriormente com sua irmã, pois uma das características dos egípcios era o valor que davam às suas mulheres.

– Não sairás do palácio enquanto não estiverem prontos as minhas jóias e o meu trono! – ordenou a Artestes-Dahr.

Na sala reinou um grande silêncio. Sua mente parecia arquitetar um plano diabólico, visualizando as pompas faraônicas que lhe interessavam. Ninguém mais ousou dizer algo.

– Prexaspes!

Chamou seu único amigo, aquele que fazia todas as suas vontades e cuja presença o encorajava a satisfazer os seus mais recônditos desejos.

Prexaspes era seu cúmplice de infância e o fiel conselheiro que sempre o acompanhava nas suas loucuras.

Enfim, ele era a sombra do rei.

– Vem, vamos! – Ambos saíram silenciosamente, enquanto Astertes-Dahr e um escravo recolhiam os objetos nos tapetes.

O escravo, quando se viu a sós com o artista, disse:

– Se caíres nas boas graças do senhor, terás tudo do bom e do melhor, mas se caíres na desgraça de o contrariar, prepara-te, nenhum mortal sobreviveu às suas torturas.

Artestes necessitava do trabalho e o aviso deixou-o pensativo e amargurado. Olhou os dois homens se afastando, cada vez mais longe, por uma trilha que dava para as águas.

– Que o céu nos livre do inferno! – murmurou sombrio.

O artista agradeceu a ajuda do escravo e se retirou apressado do palácio para buscar suas ferramentas.

***

Prexaspes e Cambyses desceram até o lago, e num lugar estratégico, postaram-se para observar as odaliscas no banho matinal.

Aquela espionagem tinha um duplo aspecto, que somente os dois conheciam.

Enquanto as escravas e seus pequenos filhos se banhavam no lago corrente perto da ponte, os dois amigos espionavam todos os seus movimentos.

Era uma brincadeira que faziam desde a adolescência e fazia parte de seus segredos.

Depois ambos riam-se das conversas íntimas das escravas.

Aquelas egípcias eram muito sensuais. Seus seios descobertos constituíam um regalo para seus olhos cobiçosos, mas o objetivo deles era outro.

Infelizmente, algumas daquelas crianças que brincavam com suas mães, desapareceriam para sempre.

Seriam as próximas vítimas de Moloch.

Aristona

Cambyses colocara vigias por todos os lados e nos lugares onde ninguém desconfiava.

Numa dessas espionagens, Prexaspes ouviu uma conversa entre Esmérdis e Aristona, que por má sorte comentavam sobre o ciúme doentio do irmão, depois do episódio da tiara e temiam alguma atitude contra eles.

– Esmérdis, caro irmão, Cambyses continua infernal, já não posso mais com ele, causa-me nojo sua presença. Qual será nosso destino em suas mãos? Não temos pai para nos proteger! Por outro lado, sua figura me causa profunda piedade.

Esmérdis, desconhecendo que eram ouvidos, aventurou:

– Se te tornares sacerdotisa, Aristona, ele não poderá te perseguir e terás a segurança do Grande Sacerdote do Templo de Amon, cuja presença lhe inspira respeito, pois ele recebe o espírito de nosso pai, que te ajudará a se defender de Cambyses.

– Se meu pai pode falar através do sumo-sacerdote, minha mãe poderá me proteger se falar através de minha boca! – disse inocentemente, Aristona, que de qualquer modo desejava livrar-se daquela situação.

– Dario pretende, também, me esposar, já não posso mais tornar-me uma vestal – confessou Aristona.

***

Ao saber das intenções de Dario, quanto à irmã do rei, Prexaspes decidiu informá-lo daquelas últimas novidades.

– Pensei que devias saber das intenções de Dario que, além de ter Atossa, deseja, também, para si, Aristona.

– Maldito! – agitou-se, contrariado, Cambyses, mas depois sorriu. – Folgo em saber que Aristona é virgem. Oh! Eu que pensei que ela coabitava, às ocultas, com Esmérdis?!

– Não, isto posso assegurar-te, pois ouvi toda a conversa – confirmou Prexaspes.

– É inacreditável! Aristona ainda é virgem, não pertencerá a ninguém, pois já me pertence!

– Que pensas fazer, Cambyses? – perguntou Prexaspes, indeciso.

– Logo verás! Sinto-me aliviado – falou com um estranho sorriso nos lábios carnudos, deixando antever os dentes alvos.

Depois, voltando-se para o amigo com uma expressão enigmática no olhar, que causou medo ao próprio Prexaspes, disse:

– Terás que executar todas as minhas ordens, não temos tempo a perder.

– Que pensas fazer, pelas barbas do profeta! – exclamou Prexaspes, muito preocupado, pois sabia do que ele era capaz.

Moloch recebia as vítimas mortas e ele as sacrificava vivas a seus instintos.

Porém, Cambyses, com um enigmático sorriso, guardou para si sua decisão.

Bateu três palmas e logo entraram duas escravas.

– Preparem-me Aristona – ordenou às escravas do quarto.

Ante a ordem do monarca, saíram rápidas e aflitas para prepararem a jovem para o anoitecer.

Prexaspes e Esmérdis

Prexaspes, ao perceber o que ele iria fazer, não se conformou. Lembrou-se contrariado, naquele momento, porque pensou em sua esposa e no casal de filhos. Era um crime contra a família. Sentiu saudades do antigo monarca e de sua moralidade.

Os persas não admitiam o acasalamento de irmãos, nem o de pais com filhas, o que era comum no Egito, principalmente na casta faraônica.

Depois de alguns anos no Egito, aqueles costumes estavam se infiltrando na vida dos persas.

Prexaspes conhecia Aristona desde criança, tinha-lhe muito afeto. Pela primeira vez, indignou-se com a atitude de Cambyses e, conhecendo o que sucedia às outras mulheres que lhe pertenciam, *o Avesta* chamava-lhe à consciência.

"Não faça aos outros o que não quer para si". E pela primeira vez, aquele código de moral concitou-o a discordar do rei.

***

Contrariado, Prexaspes procurou Esmérdis para se aconselhar, pois trazia a consciência pesada. Arrependera-se, enfim, de sua precipitação em comentar o que ouvira. O que contara a Cambyses foi tão somente para alertá-lo quanto a Dario e suas intenções em o destronar, aliando-se às duas irmãs do rei.

Esmérdis ouviu o conselheiro de Cambyses até o fim.

– Fico-te grato, Prexaspes, temo apenas que nada possamos fazer para livrar Aristona deste flagelo – disse Esmérdis com um sorriso amargo.

– Falei a Cambyses das intenções de Dario sobre sua irmã, porque bem sabes quanto detestamos Dario e sabemos que tanto ele quanto seu pai têm os olhos voltados para a coroa – disse Prexaspes.

– Eu sei, Prexaspes, nem tudo está perdido. Irei, neste momento, falar com o sumo–sacerdote, somente ele poderá impedir o que está programado para esta noite. Quem sabe consigamos reverter este hediondo quadro?

O conselheiro, mais aliviado, prometeu agir por sua vez:

– Vou tentar embriagá-lo e deixá-lo dormindo, talvez adiar para outro dia a noite de Aristona – disse Prexaspes, esperançoso.

Esmérdis, ainda assim, estava receoso de que seus planos não dessem mais tempo:

– Para quando está programada a celebração de Cambyses? – perguntou ao escudeiro.

– Será celebrado daqui a três meses, tempo suficiente para que seu trono esteja esculpido – respondeu Prexaspes a par da programação real.

– Teremos pouco tempo, mas Aristona poderá se tornar oficialmente sacerdotisa, então ela pertencerá ao Templo de Amon, e junto ao sumo-sacerdote, estará protegida das garras de meu irmão.

– Enquanto falas com o sumo-sacerdote, farei o que puder para atrasar a confecção do trono, mas se Cambyses desconfiar de algo, estaremos todos perdidos – alertou Prexaspes.

– Ele não saberá, garanto-te! – exclamou Esmérdis, convicto de suas idéias e satisfeito por ter encontrado um aliado contra as loucuras de Cambyses. – Eu pensava que tu adotasses todas as maluquices de meu irmão, Prexaspes!

– Prezo a minha pele, companheiro, com Cambyses não se brinca – disse Prexaspes fazendo uma careta e zombando de si mesmo.

– É verdade, tens toda a razão.

Ambos riram e desde então tornaram-se cúmplices.

Sumo-sacerdote de Amon

Esmérdis aproveitava bem o seu tempo no Egito, iniciara o sacerdócio no Templo de Amon, enriquecendo seus conhecimentos. Desde então se afastou por completo do culto a Moloch.

Naquele dia mesmo, ele procurou o sumo-sacerdote e ambos, após uma íntima entrevista, decidiram agir sem demora.

Ao entardecer, o sumo-sacerdote do Templo de Amon foi ao encontro de Cambyses para sugerir-lhe desistir daquela absurda idéia. Para tal, traçou um plano, pois conhecia seus anseios e queria defender os direitos de Aristona.

O objetivo do sacerdote era ter Aristona a seus cuidados e assim conseguir dominar o rei, que parecia ameaçar a tranqüilidade de seu povo com suas idéias extravagantes e cruéis.

Sob a sua autoridade estava toda a casta sacerdotal do Egito e, se ele quisesse, fomentaria a guerra nacional, mas era inviável, pois Cambyses estava disposto a continuar no Egito e se fazer Faraó.

Ao ouvir o sacerdote, retrucou encolerizado:

– Como ousas, sacerdote, contestar um desejo meu?

Onde está a lei que me obriga a desistir? – disse referindo-se à sua união com a própria irmã.

O sumo-sacerdote argumentou:

– Oh, majestade, não vim contestar teus desejos, mas existe uma lei que protege as virgens. Aristona pretende ordenar-se sacerdotisa. É a maior honra que se concede a uma mulher depois da maternidade.

– Sou soberano e minhas ordens serão cumpridas e ai de quem ousar me contrariar! – respondeu agitado e inquieto, ante a magnitude do sacerdote que parecia desvendar sua mente.

O sumo-sacerdote decidiu mudar sua tática, pois adivinhava nele uma vocação à rebeldia e uma grande inteligência voltada às práticas religiosas que eram abomináveis no Egito. Mediante esta certeza, falou apenas para dissuadi-lo.

– Senhor, és soberano em minha terra, mas para te tornares um faraó, é necessário que passes pelo trono de Osíris – afirmou o sumo-sacerdote, atingindo-o fortemente, mas observando o efeito que suas palavras lhe causavam. E o resultado foi o esperado.

Ranofer compreendeu que estava diante de um homem frágil, cujo raciocínio não admitia outro poder senão o seu próprio. Aquele pobre monarca encontrava-se muito longe da verdade e ele teria que ser bastante hábil para o convencer.

– Pois torna-me filho de Osíris! – exigiu.

– Está bem, para veres o sol de Osíris e te assentares em teu trono, terás que te absteres de mulheres durante trinta dias consecutivos, – investiu o sacerdote, complementando seu plano.

Não lhe era fácil desistir de usufruir de seu harém

nas cálidas noites enluaradas... Pensou decepcionado, mas decidiu:

– Está feito!

– Esta é a primeira fase, existem outras, soberano, estás disposto? – perguntou o sumo -sacerdote, discreto e ao mesmo tempo misterioso.

– Continua, sumo-sacerdote, farei o que me pedes para ver o sol de Osíris – pediu Cambyses, um tanto curioso.

– Terás ainda que abandonar o deus que cultuas às ocultas, soberano, somente assim, verás a claridade de Osíris e te tornarás realmente o Faraó do Egito!

Suas palavras caíram como uma pedrada em sua cabeça. "Como podia aquele sacerdote conhecer seus cultos secretos?"

Alguém o estaria delatando, ou ele teria mesmo poderes sobre a mente humana?

Ficou indignado, mas se conteve para não demonstrar sua admiração e se trair.

A coragem do sacerdote em afrontá-lo, deixou-o confuso.

Encarou-o bem dentro dos olhos, querendo ler seus pensamentos, mas recuou, desapontado, porque não conseguira sustentar seu olhar severo e penetrante.

Sentindo-se ameaçado por uma força oculta, Cambyses disfarçou e respondeu com cinismo ao sacerdote:

– Não temes, sumo-sacerdote? Eu posso mandar matá-lo!...

– Não – respondeu Ranofer, sem demonstrar medo algum.

Um profundo silêncio se estabeleceu entre os dois.

Pareciam medir suas forças espirituais. Cambyses, em desvantagem, perante a magnitude daquele homem que parecia ler seu pensamento e, mediante seu rosto impassível, de traços angulosos e marcantes, porém de uma beleza máscula e ao mesmo tempo suave, não teve outra alternativa senão ceder.

– Ante a tua audaciosa coragem, comprometo-me a ver o sol de Osíris para me tornar Faraó do Egito – aceitou o desafio.

Satisfeito, mas não convencido de sua sinceridade, Ranofer despediu-se, antes que o rei falasse mais alguma coisa.

Ranofer tinha certeza de que aquele homem não mediria esforços para alcançar o seu objetivo e, ante o seu ar irônico e zombeteiro, adivinhou a camarilha espiritual que o acompanhava.

***

A sós, Cambyses jogou-se sobre as almofadas, sentiu um grande cansaço, suas pernas estavam fracas e sua mente confundida. Pensou consigo mesmo:

"Como pode ser? Uma das normas para cultuar Moloch é o silêncio total sobre os seus adeptos. Ninguém jamais ousou se confessar. Ah! Irei até o fim para descobrir os segredos destes homens que penetram a mente humana".

Convencido de que aqueles sacerdotes infernais sabiam ler as mentes, ficou pensativo: "Onde adquiriram tal poder? Que força tinham aqueles mistérios, para ele, ocultos?"

Tudo faria para entrar naqueles mistérios.

A casta sacerdotal egípcia era composta de matemáticos, filósofos, artistas, que desenvolviam conhecimentos de astronomia e desvendavam os segredos das plantas, estudavam as notas musicais em relação aos números.

Tais conhecimentos foram discutidos e ampliados por Pitágoras[1], de Samos, que lhes havia deixado recursos infindáveis e passara-lhes métodos que os tornavam conhecedores do mundo visível e invisível.

Aqueles segredos interessavam a Cambyses, mas os sacerdotes pareciam túmulos fechados.

No dia seguinte, Cambyses, intrigado, procurou Ranofer.

O ambicioso rei queria descobrir seus segredos e depois incorporá-los ao culto a Moloch. Para isto, decidiu mudar sua política, pois, com eles, nada valeria agir com violência.

– De quanto tempo precisas para me tornar faraó? – investiu Cambyses, acostumado a ser obedecido.

O sacerdote não viu outro recurso senão aceitar sua imposição, para ganhar tempo e atender a Esmérdis que lhe solicitava auxílio.

– Haverá a celebração ao boi Ápis, daqui a vinte luas. Terás tempo para te recolheres e te preparares. Depois, todos os segredos ser-te-ão revelados – recomendou, sem cerimônia.

Cambyses, para conhecer os segredos daqueles homens, verdadeiros magos, estava disposto a se submeter à celebração ao boi Ápis e confraternizar com o povo egípcio na festa da colheita.

A festa popular de adoração não o convencia, estava

1 - Pitágoras (~584 a.C. - ~496 a.C): Filósofo e matemático grego, fundador da escola pitagoreana.

certo de que os sacerdotes enganavam o povo e que atrás daquelas paredes encerravam segredos milenares e que o vulgo desconhecia.

O sacerdote voltou a seu principal objetivo.

– Aristona tornar-se-á sacerdotisa, em breve, se o permitires. Terás uma grande aliada em teu governo. Depois de sua ordenação, poderás tomá-la para mulher e mantê-la no palácio.

Cambyses achou justo e aceitou que sua irmã se ordenasse.

O rei, ao aliar os conhecimentos egípcios a seu culto, ambicionava tornar-se senhor absoluto do céu e da terra.

O sacerdote de Amon indignou-se com a sua pretensão. O rei era mais inteligente e hábil do que ele imaginava. Tornava-se uma ameaça à estabilidade religiosa de seu país; contava com a sensatez de Esmérdis, com quem conversava longas horas, trocando alguns conhecimentos científicos.

Esmérdis jubilou-se com as notícias de Ranofer. Vinte luas seriam o suficiente para salvar sua irmã da humilhação a que Cambyses desejava submetê-la.

Mas, preocupava-se, também, com a saúde do rei e seus perigosos cultos ao luar.

– Cambyses, desista de cultuar Moloch, não poderás entrar no Templo de Amon-Rá – alertou Esmérdis, tentando protegê-lo de uma possível conspiração, pois os sacerdotes o detestavam.

– Jamais desisto de algo, Esmérdis! Apenas adio... – respondeu-lhe, altaneiro.

Julgando que Esmérdis agia contra ele unindo-se aos sacerdotes, disse contrafeito:

– Já decidi e não desistirei de meus desígnios. E tu? – voltou-se irônico para o irmão, que ignorava suas idéias. – O que pretendes afinal? Pensas que não conheço tuas verdadeiras intenções? Ninguém se oporá às minhas ordens! Esperarei apenas a celebração ao boi Ápis, para tornar-me faraó. Por enquanto, Aristona continuará visitando o templo. Depois a tornarei rainha.

– A que intenções te referes, Cambyses? – perguntou Esmérdis, desconhecendo o assunto.

Como havia prometido a si mesmo silenciar quanto ao que Prexaspes ouvira a respeito de seu irmão e Dario, calou-se, nervoso. O monarca acreditava nos boatos de que Esmérdis e Dario conspiravam contra ele para ficarem com a coroa.

– Brevemente, retornarás à Pérsia, pois necessito, ó Bardya, que assumas o posto de Hystaspes.

Menos mal, pensou Esmérdis.

O Bardya intimamente agradeceu o tempo que disporia para agir. Durante vinte luas, muitas coisas poderiam acontecer.

Aristona e Artestes-Dahr

Felizmente, nada aconteceria a Aristona, pelo menos durante aquele mês, enquanto todos se preparavam para a celebração e Cambyses se manteria ocupado, no templo, para se tornar Faraó.

A princesa visitava o templo, diariamente, e recebia grande conforto naquele lugar sagrado, onde podia desfrutar de paz.

No palácio, o artesão esforçava-se por terminar a tempo a importante encomenda, e trabalhava noite e dia, sem descanso porque, a cada vez que o rei verificava o trono, aumentava as incrustações.

Na monotonia do palácio, Aristona interessou-se por aqueles objetos artísticos, aprendendo a esculpir.

Seu interesse se estendia, também, ao artesão, que agora morava no palácio.

O belo moço sentiu-se cortejado pela princesa, mas mantinha-se distante, conhecendo o temperamento do rei.

Aristona, atraída pelo distinto rapaz, furtivamente, levava-lhe algumas frutas e alimentos, na ausência de Cambyses. Passavam horas conversando, enquanto ele esculpia o trono e os objetos almejados pelo rei.

Daquela amizade, nasceu um grande e terno amor.

Certo dia, Aristona pegou um pedaço de argila e se declarou ao moço:

" Ó, Artestes, meu amado",

Toma-me em teus braços,

Beija-me,

Depois morrerei em paz."".

Artestes-Dahr tremeu ao ler a inscrição que ela havia lhe deixado. Seu coração também desejava abraçá-la.

Ansioso, esperou a jovem voltar e lhe disse à meia voz:

– Aristona, pequena flor, estrela que brilha em meu céu, quero-te como o Nilo deseja o mar. Que faremos se ele descobrir nosso amor? – confessou, lembrando-a de seu irmão.

– Não posso mais viver sem ti, meu amado. Vivamos nosso amor enquanto nos permitir Deus e o tempo – incentivou-o, olhando-o firmemente nos olhos.

E os dois acabaram vencendo as barreiras e se entregaram doravante àquele amor cristalino, cientes de que deveriam ocultá-lo para sempre de todos.

Aquela união clandestina ficou oculta aos olhos humanos.

À medida que os dias se passavam, o trabalho do artesão foi chegando ao fim. Artestes voltaria para sua casa e ela ficaria ocupada no templo.

Os dois amantes, antecedendo a saudade que sofreriam, intensificaram seu idílio, permitindo que duas aias de Aristona viessem a saber do seu romance com o artista.

Felizmente, sem que a jovem soubesse, as duas escravas que simpatizavam com ela, protegiam aquele romance dos olhos alheios, pois sabiam do perigo que ela corria.

Celebração ao boi Ápis

Finalmente chegou o dia em que Cambyses celebraria o boi Ápis na festa popular da colheita.

Cambyses queria ofender profundamente aqueles sacerdotes, não sem antes conhecer seus segredos e desvendar o sol de Osíris que os vivificava e transformava sua fé em dádivas para o povo.

Todas as cidades se reuniam para participar da festa da colheita e a procissão pelo Nilo. Felizes com a farta colheita, reuniram-se às margens do Nilo. Uma barca enfeitada de flores desceria o delta levando o boi adorado.

No templo, era grande a expectativa.

Na festa de celebração, Cambyses vestiu-se com as roupas de faraó, colocou na cabeça a dupla coroa iniciática e se ajoelhou ante a estátua de Ápis, para adorá-la, atitude que não convenceu a nenhum dos sacerdotes.

Foi coroado Rei do Alto e Baixo Egito, filho de Amon-Rá, deus vivo.

A coroa esculpida por Artestes-Dahr reluzia ao Sol, tanto quanto o disco solar na testa do boi em adoração.

A cerimônia terminou com uma grande festa popular. Os egípcios, em seus melhores trajes, comemoraram a colheita até ao amanhecer.

Terminaram as festividades e Cambyses aguardava a oportunidade de, no dia seguinte, penetrar no templo e conhecer os segredos de Amon.

O dia todo foi muito cansativo.

Após as visitas e ofertas de presentes, Cambyses queria uma festa íntima para comemorar e decidiu que, naquela noite, faria de sua irmã, sua mulher.

Aqueles sacerdotes não perdiam por esperar.

A alcova estava lindamente ornamentada com flores e finíssimas cortinas desciam da cama até ao chão. Enorme tapete foi colocado à entrada para que a princesa pisasse. Incensos espargiam perfumes diferentes por todos os cantos.

Aristona, belíssima, usava um brocado em pedras que brilhavam ante as luzes de lampiões acesas. Foi recepcionada por sons de alaúdes.

Os músicos, para não perturbar, ocultaram-se atrás de uma cortina, sua música, porém, inundava o quarto.

Um grupo de odaliscas entrou bailando suavemente, ao ritmo da romântica melodia, enquanto pétalas de rosas caíam sobre os véus coloridos.

Aristona, assentada, tinha o semblante triste, como se acompanhasse um cortejo fúnebre. O ventre descoberto, no umbigo estava incrustado um lápis-lazúli, seu cabelo ornamentado por exótico penteado estava coberto por véus multicoloridos e pedras preciosas.

Ante sua angelical beleza, Cambyses sorriu e despediu a aia, para ficarem a sós.

– Vem, Aristona. Dança! – ordenou.

Entre lágrimas ocultas pelos véus, Aristona dançou suavemente como se se entregasse à própria morte. Ante o olhar de desejo do irmão, seu corpo arrepiou-se todo e aproximou-se dele para perguntar-lhe:

– Cambyses, por que me escolheste? Tens todas as mulheres do império para ti!

– Sim, eu sei, Aristona, minha pequena flor... Achas que um monarca não possa ser saciado com o que lhe apraz?

– Sei, meu irmão, mas um rei não deverá ultrajar o trono desobedecendo às suas próprias leis e, por certo, nosso pai não gostaria de saber do que se passa aqui... – tentou dissuadi-lo, mesmo sabendo ser inútil, pois bem conhecia seu irmão.

– Os mortos tudo vêem, mas não podem contestar. Ademais, não quero dividir meu império e afastarei à qualquer um que ousar se interpor contra mim e tocar no que me pertence – disse Cambyses, referindo-se à idéia de que sua irmã pudesse tornar-se mulher de Dario.

– Não será desta forma que mudarás esta situação, Cambyses. És o rei, tendo-me ou não. Desiste, meu irmão, pretendo ordenar-me sacerdotisa.

Quanto mais Aristona dialogava para convencê-lo, mais ele se aproximava, disposto a não ceder:

– Vem, pequena flor, eu te quero para mim. Insinuante e sensual, começou a beijá-la ardentemente.

Aristona reagiu fortemente, mas os braços de aço a envolveram, e, a um sinal, os músicos e as bailarinas foram se distanciando. Ambos ficaram sós entre os véus e os incensos de sândalo e os sons chegavam a seus ouvidos como melodias longínquas.

Depois, Cambyses ofertou-lhe uma taça e obrigou-a a beber uma poção de um elixir preparado especialmente para aquela ocasião.

– Brindemos, minha querida, será melhor!

Erguendo a taça, o rei brindou:

– À tua beleza e a meu Império!

A bebida era tão suave quanto inebriante e Aristona nada mais viu após ingerir o primeiro gole. Tudo à sua volta rodou e o irmão lhe pareceu, naquele momento, o homem mais belo e sedutor que seus olhos poderiam visualizar e inconscientemente deixou-se tocar por ele ao som daqueles alaúdes e cítaras que pareciam vir das profundezas da terra.

Enquanto tais cenas se desenrolavam, a Lua derramava sua pálida luz sobre as palmeiras e Esmérdis, indignado, desabafava seu rancor com o sumo-sacerdote.

* * *

Dias depois, Aristona, em lágrimas, confessou-se ao sumo-sacerdote.

– Vem, filha – disse o sacerdote com doçura na voz, tentando consolá-la.

Aristona parou de soluçar quando viu Esmérdis e atirou-se em seus braços.

– Oh! Esmérdis, por que não morri?

– Acalma-te, Aristona, fugiremos deste lugar. Haveremos de encontrar um meio, verás! – disse Esmérdis, desejando livrá-la daquela situação.

Aristona pensou: "Se eu for embora, nunca mais verei Artestes-Dahr".E desatou a chorar.

Os dois homens julgavam que suas lágrimas tivessem outro motivo.

Ranofer, para animá-la, disse:

– Está previsto que teu irmão projeta novas conquistas, pois ele pretende guerrear contra os etíopes. Quer descobrir os segredos dos cristais e sua mumificação.

O sacerdote do templo conhecia as ambições de Cambyses e as riquezas minerais da Etiópia.

– Nosso plano, agora, perdeu o valor – falou Esmérdis, que tudo fizera para impedir o conúbio dos irmãos.

Pesarosos, por não terem conseguido impedir o incesto, restava-lhes diminuírem o sofrimento de Aristona, continuando sua permanência no templo. Mesmo assim, Cambyses queria que ela se tornasse sacerdotisa e trabalhasse apenas para ele.

* * *

O pequeno grupo conversava julgando-se a sós, mas Cambyses espalhara tantos espiões que, no dia seguinte, já sabia os detalhes da última conversa.

A Pérsia toda necessitava de bons governantes para auxiliar Cambyses. Seu imenso território, que se estendia até o golfo pérsico, era demasiado oneroso para a coroa, que sobrevivia dos tesouros dos reis conquistados.

Era necessário que enviasse Esmérdis, urgente, à Pérsia, para controlar os excessivos gastos nas províncias e a dispersão de seu exército.

Fanes ficaria em seu lugar, no Egito. Não confiava em Dario.

A visita ao interior do templo de Amon

O rei, ansioso por descobrir logo os segredos do Templo de Amon, apressou sua iniciação.

No dia marcado, ele adentrou no templo.

A entrada era enfeitada por colunas simetricamente distribuídas em alas que davam para um enorme salão, usado nas comemorações populares, onde o povo tinha oportunidade de adorar o boi Ápis. Era deste salão que o deus saía para a procissão, acompanhado pelo povo.

No centro do salão estava apenas o pedestal onde deveria ficar o boi. Sua estátua ficava guardada num lugar secreto, onde, diariamente, era limpo e incensado pelos sacerdotes.

As iniciações começavam com a assepsia geral do neófito.

Cambyses entrou numa sala para a depilação. Todos os cabelos do corpo e da cabeça foram raspados. Passou à sala dos banhos e depois às vestes em linho.

O monarca cedeu a estes desafios, certo de que tais procedimentos o levariam ao sol de Osíris.

Começou a incursão pelo Templo de Amon.

Um sacerdote lhe apresentou os vários departamentos de iniciação que ele deveria percorrer, porém, devido às circunstâncias, alguns deles foram subtraídos, porque o rei tinha pressa. A iniciação de Cambyses obedeceria a um ritual específico.

Durante a peregrinação, outro sacerdote explicou a doutrina secreta do Egito e dos iniciados. Nada mais do que a História dos deuses e da saga egípcia inscrita nas paredes. A ressurreição dos mortos. A pesagem e a Metamorfose da Alma. A sala das duas verdades, o tribunal de Osíris por onde todos passariam.

Ranofer acompanhava em silêncio e, após passarem pelos corredores, entraram numa grande sala hipóstila, onde várias estátuas e pinturas contavam a História da Dinastia da Rainha Hatshepsut e seu clã.

Cambyses, ao ver aquelas esculturas, começou a suar frio, sua respiração aumentou e tudo à sua volta começou a girar. Estranha sensação apossou-se do rei. Sensação que foi aumentando à proporção em que ele via detalhes daquela série de faraós, até chegarem a um nicho, onde deparou com uma figura, cujos olhos exerceram sobre ele uma verdadeira catarse em sua alma.

Soltou um grito, aterrorizado, ao ver sua própria estátua, como se tivesse visto um fantasma, ficou parado, com os olhos fixos.

Ranofer também estremeceu, mas conteve-se ante as estátuas de Tutmés e de Hatshepsut esculpidas em ouro[1].

Um tremor interno agitou todo o corpo de Cambyses e, ante aqueles sacerdotes desprevenidos, sofreu uma crise terrível.

1 - Cambyses era a reencarnação do príncipe Horemseb, que viveu em Menphis e foi assassinado pelos sacerdotes, ao tempo da Rainha Hatshepsut. Ao se recordar dos antigos personagens, sua consciência espiritual despertou. Reconheceu Ranofer como seu antigo perseguidor. Daquele momento em diante, uma grande raiva acendeu a chama que, na verdade, apenas estava encoberta por tênue cinza. Um colapso nervoso tomou conta de seu ser, seu espírito sem paz, sofreria somente mais uma recordação de suas antigas malquerenças. – *Nota do Autor Espiritual.* – Sua história está registrada no livro Romance de uma Rainha, escrito por Rochester e recebido pela médium russa Wera Krijanowski, editado pela FEB, em 1944.

Ranofer desconhecia que o seu real neófito possuía a síndrome do mal sagrado.

– Por Osíris! Jamais pensei que isto pudesse acontecer! – exclamou estarrecido ante a crise epiléptica do rei. Ele e os outros acompanharam, perplexos, cena por cena.

Cambyses, depois de se bater freneticamente, caiu aos pés de Ranofer, suado e extenuado.

Ranofer conhecia o mal sagrado e sabia que essa doença talvez pudesse encontrar cura numa delicada cirurgia, através da trepanagem para retirar a pedra que ficava no centro do crânio.

O rei demorou algum tempo a sair de seu torpor. Dois sacerdotes ficaram vigiando o rei, enquanto Ranofer e seus companheiros conversavam sobre os efeitos daquela doença e estudavam um meio para curá-lo.

Quando o rei saiu do desmaio epiléptico, não se recordou de nada. Levantou-se, como se nada lhe tivesse acontecido, olhou ao seu redor, sentiu como sempre uma enorme decepção, como se algo estivesse errado.

Viu os sacerdotes de Amon e, no centro, o sumo-sacerdote. Pareciam figuras diferentes e que pertenciam a uma época remota, arquivada em sua memória espiritual.

O sumo-sacerdote, à sua frente, mudara de fisionomia.

Reconheceu Roma, seu antigo adversário.[1] Aquela figura enlouqueceu-o e, num rasgo de memória, recordou-se da grande humilhação que o fizeram passar em épocas recuadas. Sem receio algum, partiu ameaçador para sua garganta, completamente enlouquecido. Seu único desejo era estrangulá-lo.

Duas mãos de ferro o seguraram e impediram um novo crime.

Um dos sacerdotes o segurou, silenciosamente.

1 - Ranofer era a reencarnação de Roma.

A iniciação

O estranho episódio deixou-os preocupados.

Devido às estranhas circunstâncias que envolviam aquela situação, os sacerdotes entenderam que o rei não estava em suas faculdades normais e seria muito trabalhoso exigirem dele uma atitude coerente com a iniciação.

Em virtude disso, agiram como se nada houvesse acontecido.

A forjada iniciação do rei não terminara ainda. Cambyses se recusou a voltar àquela sala.

O sumo-sacerdote decidiu interromper a iniciação, receoso de que o rei pudesse ter um novo ataque. Recusou-se, também, a ficar a sós com Cambyses.

Nos dias seguintes, continuaram o ritual iniciático.

O rei não desistia de ver o sol de Osíris.

Passaram pela sala onde ficava a nau que conduziria o deus Ápis. Em seguida, rodearam o lago cheio de lótus-sagrado, em cujas margens os papiros dançavam ao sabor do vento. O rei, que parecia bem humorado, admirou a paisagem nunca vista e comentou sobre as belezas nativas do Egito.

Chegavam à última etapa de sua iniciação, aliás, uma iniciação forjada para o rei.

Visitariam o santuário que abrigava a estátua do boi Ápis.

Era o altar mais bem cuidado e perfumado de todas as salas hipóstilas.

Lá estava a estátua que o povo egípcio adorava.

Esta estátua, uma vez por ano, na celebração da colheita, saía às ruas, quando os pobres camponeses egípcios tinham oportunidade de vê-la. Todos podiam adorá-la e dançavam a seu redor, entregando-lhe suas melhores oferendas, presentes, perfumes, incensos e alimentos. Acompanhavam embevecidos a barca enfeitada que a conduzia pelo Nilo.

Cambyses, ao ver a estátua que parecia viva, examinou-a, de ponta a ponta, sem nenhum vestígio de adoração no semblante, ante os olhares dos sacerdotes de Amon que, decepcionados, o acompanhavam silenciosos.

Ante o monumento, sorriu sarcástico.

– É este o deus que adorais, sacerdotes de Amon?! – interrogou irônico.

Aconselhados pelo sumo-sacerdote a permanecerem quietos, fosse qual fosse sua agressão, nenhum deles retrucou.

– Que sangue corre em vossas veias, intrujões! O que estais a me esconder? Este deus é pura farsa!

De repente, Cambyses foi ficando irado, logo estava gritando com os sacerdotes. Sua voz ecoava pelas colunas, alcançando seus guardas do lado de fora.

No extremo de sua irritação, Cambyses empurrou os sacerdotes e adentrou mais fundo naquele templo e, enfim, encontrou Ápis, o boi adorado em carne e osso, que tranqüilamente se alimentava.

Deu de cara com aquele animal exótico que tinha grudado, entre as orelhas, um disco solar.

Sem medir as conseqüências, lançou mão de seu punhal e feriu uma das pernas do boi sagrado. Imediatamente, o sangue jorrou e o animal respondeu ao ataque com um coice.

Cambyses recuou rápido.

Os padres, espantados, seguiram-no e tentaram impedir sua ação, mas o acidente já havia acontecido.

Cambyses, ofendendo a divindade, ofendia a todos os egípcios com seu gesto brutal.

– Ah! Imbecis, deveríeis ter este boi sagrado em vossas cozinhas! – exclamou, insultando-os com sua crítica mordaz.

Depois, gritou enlouquecido:

– Onde está o sol de Osíris?

O silêncio era mortal.

Como ninguém ousasse falar, o rei, impaciente, julgou que aqueles homens conspiravam contra ele.

Encarou-os com tamanha fúria e ódio, que saiu dali rapidamente.

Os sacerdotes, sem saber qual atitude tomar ficaram aguardando o seu retorno. Fizeram uma roda, tecendo comentários a meia-voz, sobre a atitude daquele estranho monarca.

A roda se desfez rapidamente com a entrada de soldados.

Os sacerdotes, estupefatos, foram atingidos barbaramente, e os fatos aconteceram tão rápido, que ninguém teve tempo de se defender contra o ataque maciço, aliás nem perceberam suas cabeças rolarem.

Os soldados foram degolando-os um a um, restando apenas Ranofer.

Ranofer, ante a barbaridade da cena, quase não suportou as lágrimas, mas resistiu até o fim à loucura de Cambyses.

– Não morrerás enquanto não me mostrares o sol de Osíris! – ameaçou-o, sem receber resposta.

Ranofer estava em estado de choque.

Cambyses percebeu que de nada adiantaria sua violência e, se aniquilasse Ranofer, jamais descobriria os segredos de Amon.

Extenuado, adiou sua procura para o dia seguinte.

Uma presença real

Ordenou que caçassem todos os sacerdotes que haviam fugido e aniquilassem os que estavam fora do Templo. Era o fim da casta sacerdotal de Menphis.

O povo ficou estarrecido sem os seus chefes religiosos. As mulheres choravam e as crianças foram escondidas. Todo o Egito pranteava o fato, mas ninguém ousava comentar coisa alguma a respeito.

Aquele povo pacífico e obediente passou a temer o cruel soberano.

O sumo-sacerdote, certo de que estava à mercê de um doente mental, detentor de grande poder nas mãos, estudava um meio de não piorar sua situação e a de seu povo.

As portas do Templo estavam cerradas e o silêncio era total.

Esmérdis, tão logo soube da tragédia, entrou no templo e procurou Ranofer. Passou pelos cadáveres, estarrecido.

Foi encontrar o amigo no interior do templo, completamente prostrado. Suas forças vitais pareciam terse esvaído.

O sacerdote era um belo homem, alto e trigueiro, mas

naquelas horas envelhecera vinte anos. Dava pena vê-lo. Não tinha descrição a dor estampada em seu semblante, ao pensar em todos os seus companheiros ali, degolados.

Antes tivesse atendido a seu anseio de rebelião.

– Ah! Ranofer, que Deus se apiede de Cambyses, meu pobre irmão!

Ranofer nada respondeu.

Esmérdis ficou ao seu lado e o sacerdote contou-lhe, entre lágrimas, o que sucedera. Sua alma parecia petrificada.

Esmérdis, que não compartilhava das idéias de Cambyses, sentiu tanto quanto ele, aquela terrível tragédia e procurou amenizar o sofrimento de Ranofer.

– O único jeito de te salvar e acalmá-lo, Ranofer, é mostrar-lhe o sol de Osíris, o verdadeiro, em sua plenitude – aconselhou, prudentemente, Esmérdis.

– Não posso. Prefiro a morte – respondeu o sacerdote, em estado de choque.

– Mais cedo ou mais tarde ele o verá, ele não é o Deus apenas dos iniciados – disse Esmérdis, para convencê-lo a se salvar.

– Poucos resistem a Ele, Esmérdis, sua luz ofusca e ao mesmo tempo engrandece a alma de quem O vê.

O sumo-sacerdote permaneceu irredutível.

Esmérdis olhou para os lados à procura de auxílio e somente sentiu vazio e morte.

Então o neófito orou, piedosamente.

Se Ranofer não o atendesse, estaria igualmente perdido, pensou entristecido, pois sabia que aquele segredo devia ser ocultado.

Algo majestoso se interpôs entre os dois homens.

Surgiu uma tênue luz verde que foi se intensificando.

Esmérdis sentiu o espírito de seu pai se aproximar e ficou emocionado, porque Deus ouvira sua prece.

O sumo-sacerdote, que se comunicava com os mortos, pressentiu a entidade, que vinha em paz e se apresentava como um rei persa.

Seu pai vinha auxiliá-los, pensou Esmérdis, feliz, como prova de que estava no caminho certo.

Ciro, o grande rei persa, surgiu do além, concitando-os à humildade para vencer o espírito endurecido de seu desventurado filho.

– Grande sacerdote de Amon, tua dor pela perda dos amados companheiros, não é menor do que a de ver um dos nossos perdido no despenhadeiro do Amenti – disse a Ranofer, referindo-se aos sacerdotes assassinados. – Rejubila-te por tudo o que aconteceu. Não te desesperes, pois Aristona necessita de ti. No vale da dor, quem a auxiliará em sua missão?

– Tu, quem és? – perguntou o sacerdote, sem reconhecer a entidade que lhe falava, mas que lhe inspirava profundo respeito.

– Sou Ciro, rei da Pérsia, venho em nome de meu povo, sempre respeitei teus costumes e leis, porém, meu filho, Cambyses, teima na obscuridade que lhe tolda a visão. Mostra-lhe o sol de Osíris, porque é a única chance que ele terá de ver a luz. Bastará uma vez para que jamais ele se esqueça. Peço-te, meu filho, é a rogativa de um soberano que respeitou a terra sagrada dos faraós e não te arrependerás de teu gesto. Quitarás longa dívida que os uniu nesse amálgama de acertos pretéritos.

Ranofer, emocionado, por ter a sua frente, não apenas

um grande monarca, mas alguém que já passara pelo tribunal de Osíris e agora, vinha confortá-los.

O espírito de Ciro continuou:

– A missão do Egito não terminou. Séculos de lutas ainda rolarão pelas areias do deserto e além-mar. Porém, é próximo ao vale do Nilo que Deus predestinou o nascimento da mais bela forma humana e a Terra jamais receberá outra igual. Então, meu filho, todos haverão de ver o verdadeiro sol que dá a vida... – disse o rei referindo-se a Jesus. – Quanto a ti, Esmérdis Tanaoxares, cuida de Aristona. Auxilia teu irmão e perdoa teus algozes!

Dito isso a entidade desapareceu.

Tanaoxares compreendeu o que seu pai lhes pedia. Deixou as lágrimas rolarem quentes e brilhantes como cristais.

Após aquela manifestação espiritual, ambos sentiram enorme conforto.

"O que será do povo egípcio, se eu falhar?" – pensou o líder religioso, procurando forças para vencer a si mesmo.

Intensa batalha travou-se dentro de sua alma.

Esmérdis acompanhou sua batalha interior, convicto de que aquele homem culto e bom era predestinado a encaminhar seu irmão a voltar à razão.

Ranofer, após uns instantes de meditação, decidiu atender ao real visitante, que havia deixado a mansão dos mortos para encontrá-los. Disse, enfim, ao companheiro:

– Esmérdis, que venha Cambyses ao Templo de Amon, amanhã, quando o sol claro do meio-dia estiver brilhando.

Esmérdis agradeceu e, depois daquela singular comunicação do espírito de Ciro, eles não tinham mais dúvidas quanto ao que deveriam fazer.

O iniciado do templo foi dar a notícia ao irmão.

Ao sair do templo, os corpos dos sacerdotes já haviam sido retirados para serem embalsamados.

Alguns guardas retiravam o boi ensangüentado, que saiu dali arrastado como um animal qualquer, e o entregaram a uns camponeses que por ali passavam.

Ele olhou o boi sagrado e disse entre compadecido e enojado:

– Pobre animal. Enfim, voltarás a teu verdadeiro lugar, o chão da terra.

No palácio

Cambyses saiu do Templo, cego de raiva, porque não vira o sol de Osíris.

O sangue derramado dos malditos sacerdotes não lhe satisfazia a sede de vingança.

Instantes depois, Tanaoxares lhe informava que o sacerdote iria, no dia seguinte, mostrar-lhe o sol de Osíris.

Esmérdis contou-lhe sobre Ciro e suas palavras. Aquilo o acalmou.

Para comemorar, mandou vir um banquete para que ele e seus conselheiros se regalassem com bebidas e comidas, felizes com a última façanha. A noite animou-se mais, quando se abriram as portas do harém e as escravas egípcias foram dançar e servi-los.

O sol de Osíris

No dia seguinte, já era tarde quando Cambyses acordou. Sua fisionomia estava carregada pela orgia da noite anterior. Deitado sobre almofadas, mal conseguia abrir os olhos.

Um de seus espiões estava a postos com novas notícias.

O futuro rei ouviu, pacientemente, seu interlocutor, sua respiração ficou suspensa, nenhum membro de seu corpo se mexia, apenas os grandes cílios piscavam e seus olhos brilhavam como duas tochas acesas.

Prexaspes dispensou o espião com palmas, enquanto Cambyses comia frutas.

Uma nuvem escura envolvia sua cabeça e seu olhar, parecendo enxergar além, vagava pelo salão.

– Um grande inimigo nos rodeia – disse o rei, irritado e pensativo. Sua cabeça fervia cheia de maus pensamentos contra seus conselheiros, contra seus irmãos, contra todos.

"Que gênios do mal são esses, que não me dão tréguas!", pensou irritado, sem paz.

– Sinto que Esmérdis conspira contra mim, sei que ele deseja Aristona. Não confio em Dario.

Prexaspes quis modificar aquele pensamento

infundado contra Esmérdis, culto e iniciado nas magias do Templo, desejava apenas auxiliar o irmão a governar e conter a fúria dos sacerdotes que haviam tramado eliminá-lo.

– Não, Cambyses. Esmérdis é inocente – disse Prexaspes para salvar o irmão do rei.

– Ora, se tu mesmo me disseste que ele e Dario conspiravam contra mim? – voltou-se nervoso e indignado.

– Sim, Cambyses, ouve-me, apenas informei-te o que ouvi. Devias temer os sacerdotes – esclareceu Prexaspes. – Mas agora, ó grande rei, estás vingado, nenhum mais existe em Menphis que te possa atacar.

– Quem caminha com o inimigo, inimigo também se torna. Esmérdis continua bajulando estes mortais imbecis – afirmou ciente da última entrevista de seu irmão com o sumo-sacerdote.

– Ele apenas deseja auxiliar-te, majestade, para que vejas o sol de Osíris o quanto antes.

– Não o defendas, Prexaspes, pois decidi que Fanes ficará em Menphis enquanto vou à Pérsia. Xenefrés me acompanhará, pois pretendo organizar nosso exército.

Prexaspes estranhou que Cambyses não considerasse Dario como seu lugar-tenente. Desde que Aristona se tornara sua mulher, ele afastara Dario de Menphis.

Um escravo anunciou ao rei que o Sol estava no ponto mais alto do céu.

– Senhor, chegou o momento tão esperado – alertou o amigo. – Em breve, satisfarás teus desejos, verás aquele que os egípcios mortais não viram.

– Estou pronto – disse Cambyses, ansioso.

***

Na cidade de Menphis, nas ruas, nas praças, nas casas,

em qualquer lugar onde se fosse, o comentário era somente um: a matança no principal templo.

Por causa desses falatórios, o povo estava receoso de andar nas ruas. A tragédia abalara a todos.

Por isso, quando Cambyses passou, encontrou as ruas vazias. Ao sair, ficou decepcionado, pois gostava de ser admirado e se comprazia com os comentários que lhe chegavam aos ouvidos.

Quando chegou ao Templo, Tanaoxares o esperava no pórtico principal.

– Ranofer te aguarda no interior do Templo, majestade – disse-lhe o irmão.

Cambyses entrou no Templo, firme e decidido.

Estava só e o trajeto lhe pareceu mais longo que das outras vezes.

Ouvia seus passos e via sua sombra tremelicar ante as tochas acesas.

Passou pelas salas, relanceou um olhar de fogo sobre as pinturas, nada daquilo o interessava mais.

– Avante! – disse a si mesmo.

A sala onde o boi fora esfaqueado estava completamente limpa e perfumada.

Ninguém ali.

Estacou, à espera de Ranofer.

Olhou à sua volta, nenhum barulho e sinal de vida.

Enquanto aguardava Ranofer, Cambyses estremeceu.

Um arrepio gelado de morte penetrou sua alma e o chão pareceu lhe faltar na sola dos pés.

Sombras escuras o envolveram misteriosamente, ele que se julgava só, ouviu vozes que surgiram do ar, a princípio confusas, e, aos poucos, foi identificando lamentos, uivos, gemidos e depois mais próximas, começaram a acusá-lo. Denominavam-no de assassino e ouviu outros impropérios mais estridentes e horripilantes. Estas vozes foram se intensificando, intensificando até ensurdecê-lo.

Os sacerdotes mortos ali estavam vivos, sem cabeças, apontando-lhe os dedos.

Tapou os ouvidos para não ouvir, mas de nada adiantou, elas iam e vinham como se fossem tambores.

Depois viu mulheres nuas, desgrenhadas; crianças ensangüentadas; homens belos e jovens que lhe sorriam e depois seus sorrisos se transformavam em gritos estridentes. Ora eram estátuas que depois se transformavam em pessoas vivas; ora, pessoas que se tornavam estátuas.

"Que demônios do Amenti me perseguem?" – agitou-se, indefeso, porque tentou pegar alguma daquelas criaturas fantasmagóricas e não conseguiu.

Sentiu medo.

"Onde está Ranofer?" Ele era o único que poderia estar ali – pensou.

– O que este bruxo conspirou contra mim? – falou consigo mesmo, enquanto as entidades gritavam, apavorando-o.

– Ranofer! – chamou, enfim.

Seu suor molhava a roupa e a testa.

Sentiu-se enlouquecer com aqueles demônios horríveis, aquelas vítimas de Moloch não lhe davam tréguas. Pareciam vampiros querendo beber o sangue de suas veias.

Aqueles minutos de espera pareciam eternidade.

– Ranofer! – tornou a chamar, sufocado, quando uma voz sonora o convidou:

– Vem.

Era Ranofer.

O sumo-sacerdote surgiu para seu alívio.

À entrada do sacerdote, as sombras desapareceram e as vozes se calaram, misteriosamente.

Cambyses estava agitado e seus olhos haviam se dilatado. O sacerdote pensou que sobreviria nova crise.

No entanto, a curiosidade de Cambyses era tanta, que mantinha algum controle sobre si, ansioso por acabar logo com aquela farsa.

– Queres, ó Cambyses, com certeza, ver o sol de Osíris? – perguntou Ranofer, muito sério.

– Sim.

Perguntou-lhe ainda três vezes e nas três vezes, Cambyses respondeu sim.

– Tu verás o sol de Osíris, mas jamais te esqueças: Nunca mais serás o mesmo – afirmou peremptório o sumo-sacerdote, conhecendo toda a responsabilidade de seu gesto.

Estavam ambos em pé, lado a lado, quando, inesperadamente, a sala girou e uma grande porta se abriu.

Cambyses então se viu num ambiente, indescritível aos olhos mortais.

A sala era toda luz, luz tão intensa que ele se tornou pálido como o luar.

Um arco-íris pairou no ar, aquelas cores subiam e desciam formando graciosos desenhos como se fossem cascatas de luz colorida.

Seus pés não tocavam o solo. Não sentiu o peso do corpo, nenhum som atingiu seus ouvidos e ele não conseguiu pensar.

Tocado no mais profundo de sua alma, Cambyses se entregou àquele ser que o envolveu num bem-estar tão grande, cuja sensação de ausência de si mesmo começou a amedrontá-lo. Perdeu o raciocínio e a razão.

Para ele, passou-se uma eternidade. Viu-se fora da Terra, na matéria radiante sem segredo.

Mas o seu envolvimento era tão suave e majestoso que ele não resistiu.

Uma suave, mas penetrante voz tocava as fibras mais íntimas de sua alma:

– Filho do meu coração, eu te aguardo no caminho da redenção. Vem, eu sou o Caminho, vem!

Ele perdeu os sentidos, ante a emoção daquele contato.

O cenário desapareceu.

Cambyses estava deitado, completamente extático.

Apenas o suor que molhava seu corpo atestava que ele ainda vivia.

Quando Tanaoxares entrou, seu irmão ainda permanecia no mesmo estado.

O sumo-sacerdote transmitia-lhe passes e, ao vê-lo chegar, falou:

– Esmérdis, não posso dizer-te o que irá suceder depois de tudo o que ele presenciou. Leva-o para casa. Receio que adoeça.

Esmérdis aquiesceu, depois agradeceu:

– Querido mestre, agradeço-te as lições, voltarei em breve.

Terceira Parte

Encontro com a verdade

Levaram Cambyses de volta ao palácio e o deitaram em sua câmara.

Era noite e ele ainda estava desacordado.

Esmérdis ficou por perto, aguardando-o despertar.

Alguns repuxões começaram a atestar que o transe extático havia terminado. Sua consciência começou a voltar vagarosamente. Tinha-se a impressão de que ele nascia, naquele momento.

Cambyses acordou, enfim, seu corpo estava dolente, abriu os olhos e quase não reconheceu seus aposentos.

Estava sereno, havia alcançado a paz profunda que seu espírito almejava.

Passou as mãos pelos braços e suas células pareciam novas.

Viu Esmérdis e se assustou:

– O que fazes aqui a esta hora?

– Dormiste toda a tarde e já é noite, Cambyses.

Aos poucos, sua consciência foi voltando e se lembrou apenas de quando chegara ao templo.

Tudo havia se apagado de sua memória.

Lembrou-se vagamente de Ranofer ao seu lado, depois somente aquela sensação de bem-estar, de paz, que jamais em sua vida havia experimentado.

– Tiveste o teu encontro, Cambyses, com a Verdade – falou Esmérdis, feliz, porque nunca o vira tão sereno.

O irmão havia renovado o semblante. Não se via mais aquele aspecto endurecido, que às vezes amedrontava.

Suas expressões faciais estavam amenas, tornando-o mais bonito.

Cambyses calou-se. Não sentia ânimo para falar.

Seu orgulho não lhe permitia mais argumentar e duvidar do sol de Osíris.

Queria pensar sobre seu estado, mas não tinha forças.

Quis reagir.

Algo mais forte que ele o obrigava a recuar.

Momentos após, uma inquietação começou a tomar conta dele.

Sorveu um copo de vinho e sentiu que aquele cálice lhe devolvia o vigor que parecia haver perdido.

Mas passou o resto da noite pensativo, olhando o luar.

Esmérdis o observava escondido na penumbra e pareceu divisar duas lágrimas descerem de seus olhos. Respeitou seu silêncio e continuou por ali. Só o deixou quando o viu adormecer.

Aquele cérebro ágil e inquieto parecia ter sido bombardeado.

Planos contra o rei

A vida continuou, sem novas alterações em Menphis.

Um emissário anunciou pela manhã que Dario estava entrando na cidade com duzentos homens, pois haviam terminado o trabalho em Sais.

Aristona, prestes a se tornar sacerdotisa do templo de Osíris, havia despertado os poderes ocultos.

Cambyses tinha interesse em suas faculdades para entrar em contato com os mortos. Sua irmã o auxiliaria a desvendar os seus mistérios, por isso trazia Aristona sempre ao seu lado.

Dario, por sua vez, temia que Aristona pudesse descobrir suas verdadeiras intenções, comentá-las com os irmãos e colocar seus planos por água abaixo. Procurava conversar com a jovem e não entendia por que ela sempre se esquivava dele.

A princesa nem se importava com sua presença, ansiosa por rever Artestes-Dahr, a quem ela entregara seu coração.

Nunca mais o vira para não despertar suspeitas.

"Será que Cambyses não precisará novamente de seus serviços? E se eu o incentivar?" – começou a pensar em algum modo de ter seu amado no palácio e continuarem o idílio interrompido.

Descobrira onde o moço morava. Certo dia, ao dar uma volta pela cidade, avistou sua casa.

Depois ela mesma desistiu de vê-lo, receosa de colocar suas vidas em risco. Mas seu coração ardia de desejo de vê-lo.

Incentivada por suas idéias, procurou o irmão e lhe perguntou, casualmente:

– Querido irmão, quando terás uma estátua no pórtico? Estás sempre a guerrear, Cambyses, e te esqueces de tais detalhes importantes! – aconselhou displicente, pois sabia o quanto ele era vaidoso.

– Bem lembrado, pequena flor – sorriu o rei, enigmaticamente. Suas preocupações com as guerras não lhe sobravam tempo para pensar nesses adornos tão preciosos para seu apurado gosto.

Ficou feliz em ver que Aristona se preocupava com o seu desempenho e, disposto a atendê-la, virou-se para seu conselheiro e indagou:

– Qual é o nome mesmo daquele artesão, Prexaspes? – esquecera-se dele, completamente.

– Não será difícil descobrir, majestade.

– Traze-o imediatamente – ordenou.

Aristona deu um leve sorriso, mas Prexaspes alertou o rei:

– Por que, majestade, irás convidar os artistas, se em menos de duas semanas nos poremos a caminho de Chipre?

– Ele poderá nos acompanhar enquanto trabalha!

– É verdade, majestade – disse Prexaspes, para a alegria da jovem.

Ao ouvir isto, a jovem levantou-se e saiu cantarolando.

– O que viu Aristona, hoje?

– Não sei – respondeu Prexaspes, sem desconfiar.

***

Agora era somente convencer Cambyses a levá-la também no navio.

Não seria demasiado arriscar-se e se expor àquele perigo? Não, não, o melhor seria ficar. Talvez o artista não fosse.

Aristona saiu e os dois homens ficaram conversando.

– Desejo substituir Hystaspes e colocar Tanaoxares como governador das províncias orientais, antes de irmos a Chipre. Sinto-me aliviado, pois mantenho o controle total do Alto e do Baixo Egito. A morte dos sacerdotes acabou por me sossegar. Resta-me, apenas, organizar a Pérsia e necessito de ti. Fanes ficará nos aguardando e sabe lidar com seus conterrâneos.

Prexaspes aguardou o soberano terminar:

– Tenho um plano para ti, meu fiel Prexaspes. Tu e Esmérdis ireis à frente e dentro de alguns dias seguirei atrás. Dar-te-ei o tempo hábil para organizares a minha chegada.

Cambyses tinha a intenção de coroar Esmérdis governador das províncias orientais e trazer Hystaspes para a batalha na Etiópia, depois de organizar o exército. Não podia descartar a experiência do fiel escudeiro de Ciro, apesar da idade.

Ele e Aristona seguiriam juntos para a Pérsia.

No Egito, ficariam Atossa e Dario, pois seu objetivo era mantê-los o mais longe possível de Esmérdis e de Aristona. Não confiava neles. Receava que eles se unissem e atrapalhassem seus planos.

Atossa acabou descobrindo os planos do rei e contou tudo a Dario, a quem ela amava.

Dario, ao saber que Cambyses desejava afastar seu pai daquele alto posto, decidiu intervir imediatamente.

Na manhã seguinte, Dario entrou no real aposento com uma mensagem que havia chegado pelos correios.[1]

– Senhor, peço-te, necessito ir à Pérsia. Acabei de receber um comunicado de que meu pai está gravemente enfermo. Não me proibirás, por certo, sabes que o dever de todo persa é dar assistência aos pais!

– Se for verdade, Dario, poderás partir hoje mesmo, dentro de uma semana lá estarei. Espero que teu pai melhore. Ordenarei ao médico que te acompanhe. Esmérdis e Prexaspes se encontram a caminho. Pena que não os alcançarás.

– Sabia que podia contar contigo, ó majestade, ser-te-ei eternamente grato – agradeceu ao rei, escondendo, assim, seu fingimento.

Ele havia tido sorte, porque o rei estava de bom humor e não se opôs. O dever para com os pais era uma das leis mais severas do Avesta.

Dario partiu imediatamente, acompanhado de Udjahorresne.

Dado às circunstâncias, Atossa seguiria com Cambyses na real caravana.

Hystaspes e o filho, que mantinham assíduo contato, haviam traçado um plano, só lhes faltava oportunidade para concretizá-lo e, agora, com a viagem de Esmérdis, tudo vinha a calhar.

O antigo plano não podia falhar. Os dois desejavam eliminar Esmérdis no caminho para a Pérsia e depois, Cambyses.

Feito isto, ambos assumiriam o golfo pérsico e suas províncias.

---

1 - Ciro havia montado um grande sistema de postos em lugares estratégicos e era desta forma que ele mantinha o controle em todo o país. Estes correios funcionavam incessantemente e era através deles que Cambyses obtinha as notícias de seus generais e controlava os governadores das províncias.

O desaparecimento do príncipe

Sem desconfiar desses planos, dias depois, Cambyses saiu de Menphis, logo ao amanhecer, com destino a Pasárgadas.

A real caravana pôs-se a caminho. Os camelos, ricamente adornados, iam à frente e os outros animais seguiam atrás com as provisões necessárias. A viagem do rei era sempre demorada, gostava de armar as tendas e descansar no deserto para admirar o luar.

Esmérdis deveria assumir o governo do oriente. A Mesopotâmia, toda unificada, constituía o império persa. Era impossível manter o controle das províncias orientais. Necessitava em cada posto de um hábil e fiel governador e algumas satrapias estavam passando por sérias dificuldades.

Cambyses, insatisfeito com Hystaspes e os nobres persas que desejavam insuflar o povo contra ele, primeiro afastaria Hystaspes de seu cargo e, depois, eliminaria a todos aqueles nobres persas que se opunham a seu governo. Estas eram suas intenções.

A notícia da enfermidade de seu substituto chegou no momento certo, era um sinal de que estava na hora de agir.

Assim ele desfrutaria de tranqüilidade para conquistar outros espaços por ele almejados, como a Etiópia e Cartago.

Necessitaria de algum tempo para organizar as embarcações e o exército, que se encontrava disperso.

***

A longa viagem pelo deserto era arriscada.

Antes de chegar à Pérsia, três cavaleiros alcançaram a real caravana e informaram ao rei que Esmérdis morrera.

Na verdade, seu irmão havia desaparecido sem deixar vestígios.

Cambyses quis saber detalhes, mas os cavaleiros não tinham informações.

Diziam que Prexaspes chegara só ao seu destino e parecia desolado.

Cambyses fez um enterro simbólico e pranteou a morte de seu único irmão a quem havia destinado parte de seu trono.

A morte de Esmérdis, o Bardya querido, tornou-se um mistério para todos.

Em todo o Irão corria um boato de que o rei mandara matar seu próprio irmão, para se tornar senhor absoluto.

Outros comentavam que ele e seus condutores foram tragados pelas areias do deserto.

Alguns falavam que um bando de assaltantes o mataram para roubar.

Prexaspes mesmo não soube explicar o súbito desaparecimento e parecia inocente.

O mistério pairava no ar e o rei parecia indiferente. Sua atitude aumentava os falatórios em torno dele. O certo é que ninguém conseguia penetrar aquele rosto impassível – o rei calara-se ante os fatos.

Não obstante os boatos, Cambyses continuava sua busca através de seus espiões, oferecendo-lhes regalias por qualquer pista.

***

Dario, sem perder tempo, insinuou para Atossa:

– Acreditas no desaparecimento de teu irmão? Não achas que ele foi assassinado?

– Quem iria matar o Bardya, se era tão bom e a ninguém magoava? – questionou Atossa em prantos, recordando-se de que seu irmão sempre fora gentil para com ela.

– Prexaspes acredita que alguns nômades poderiam tê-lo matado para roubar – insinuou Dario, fomentando-lhe a idéia de um possível assassinato.

Atossa, envenenada pelo marido, começou a cultivar a idéia de que Cambyses tivesse executado o irmão.

"Por que ele deixara que seu irmão fosse só para a Pérsia?" Todas estas perguntas ficavam sem respostas.

Era possível que Prexaspes houvesse assassinado seu irmão antes que este chegasse à Pérsia, recebendo ordens de Cambyses.

Aquelas indagações atormentavam-na e Dario as apoiava, não lhe dando sossego. Ao ouvir as insinuações, Atossa reagiu:

– Não deves levantar falso comentário. Prexaspes amava Esmérdis. Sempre estiveram juntos desde a infância! Oh! Dario, já não bastam as atrocidades de Cambyses, agora vens me confundir a mente?! – desatou a chorar convulsivamente, porque achava impossível que Prexaspes chegasse a tal ponto.

Dario percebeu que, se continuasse agindo assim, poderia colocar tudo a perder. Atossa deveria ser sua aliada contra Cambyses, já que ela sentia grande antipatia pelo irmão.

– Cambyses não pode ser tão mau, a este ponto, não! – exclamou, colocando um basta.

– Desculpa-me, minha amada, não foi minha intenção atazanar-te, mas estou tão chocado quanto tu – respondeu com fingimento. – Eu e Udjahorresne estivemos próximos deles e por pouco não os alcançamos e nada vimos pelo deserto.

Abraçou-a e tentou acalmá-la.

Pasárgadas

Em Pasárgadas o assunto era sempre o mesmo.

Cambyses e Prexaspes conversavam a sós.

– Prexaspes, uma vez que nada vistes sobre Esmérdis, deves manter-te alerta, pois acredito que alguém continua por trás da cortina. É necessário que continuemos, aos olhos alheios, acreditando em sua morte – orientou Cambyses.

– Está bem, majestade, até que descubramos o real suspeito, continuaremos nosso plano – disse Prexaspes, acreditando na inocência de Cambyses.

Satisfeito com sua lealdade a ele e à coroa, Cambyses decidiu, na próxima lua cheia, ir à floresta para cultuarem Moloch, pois sentia falta daquele contato.

Vagamente surgiu-lhe na mente a cena no Templo de Amon e suas vítimas, que ele fazia questão de esquecer, desde que vira o sol de Osíris.

No culto a Moloch desvendariam a morte de seu irmão.

– As circunstâncias não nos favoreceram a cerimônia no Egito, mas aqui temos nosso altar e para lá iremos quando for lua cheia – disse Cambyses, referindo-se ao culto a Moloch que havia sido suspenso.

Os persas sofriam a influência religiosa da Babilônia e não toleravam outros cultos.

Cambyses estava descontente com tudo e com todos, seu instinto sanguinário aflorava. Cercado de inimigos, sentia-se cobrado nas mínimas atitudes.

Aquele atrito com a oposição acabou por desgastá-lo. Detestava os nativos da Babilônia e da Caldéia.

Prexaspes aproximou-se dele, preocupado com o desencadeamento dos fatos.

Os boatos haviam-se espalhado por todos os lados.

– Não temes, majestade, que os judeus se voltem mais contra ti? Hystaspes os tem aliciado e noto que a tua volta trouxe um descontentamento geral.

– Eu sei, Prexaspes, é por isso que precisamos de Moloch, assim ninguém nos vencerá. Necessitamos de soldados fortes e guerreiros. Essa é a força da Pérsia!

Ele tinha a esperança de que o culto os fortalecesse para a próxima guerra.

Ficou contente com a lealdade de seu conselheiro e decidiu antecipar e realizar o seu desejo:

– Prexaspes, terás o teu posto de honra. És o único a quem posso confiar o mais alto cargo na Pérsia. Mandei vir tua família. Permanecerás em Susa enquanto examinarei as fronteiras do Egito.

Satisfeito com o cargo, Prexaspes não sabia o que dizer.

O rei estava muito enigmático, parecia distante, mas era assim que ele ficava antes dos malditos cultos.

Prexaspes estava convicto de que Tanaoxares se ocultava em algum lugar bem seguro. Esmérdis desaparecera sem deixar vestígios, aliás, ao sair para a Pérsia, o mago não quis conversar, preferiu ficar em meditação como era seu costume.

Antes de chegarem à Pérsia, ele e os outros homens que o acompanhavam desapareceram misteriosamente.

Aristona sacerdotisa

Aristona não se conformava com a morte de seu amado irmão.

Emagrecera, seus olhos estavam fundos e duas olheiras assinalavam seu sofrimento. Estava ansiosa para voltar ao Egito e rever Artestes.

Viu Prexaspes e Cambyses caminhando entre as colunas do palácio e foi encontrá-los.

– Voltemos ao Egito, Cambyses, a Pérsia somente nos tem trazido dor – pediu entre lágrimas.

– Eu também anseio voltar ao Egito, mas antes quero descobrir alguma pista sobre o desaparecimento de Tanaoxares.

Aristona, então, confessou-lhe:

– Ó, Cambyses, devo confessar-te o que vi, se isto puder ajudar-te.

– Tudo que se relacione a Tanaoxares, interessa-me – disse Cambyses.

– Eu vi Esmérdis – afirmou Aristona.

– Aristona, tu viste Esmérdis? – indagou o rei, surpreso, pois sabia do que ela era capaz.

Cambyses pareceu sair daquele estado depressivo para prestar atenção à declaração da irmã.

– Sim, vejo-o como se fosse um ente alado adejando sobre as coisas. Ele surge inesperadamente e não posso ouvi-lo. Sinto que ele deseja falar-te, Cambyses. É por isto que desejo voltar ao Egito, pois não tenho mais sossego. Vejo uma espada atravessada em sua garganta e sua agonia me enlouquece. Peço-te, deixa-me voltar ao Egito, de onde não deveria ter saído. Sinto que preciso saber algo sobre Esmérdis e somente Ranofer poderá me auxiliar. Ele tem poder sobre os mortos.

Os dois homens entreolharam-se. Aristona via os espíritos, talvez ali estivesse a chave do mistério.

Estava falando a verdade e seu semblante expressava a angústia de sua alma.

– Estás louca, Aristona! Esquece Esmérdis – disse o irmão.

– Tenho medo, Cambyses, não consigo dormir – explicou ela, sofrendo mudanças físicas, pois sua pele morena tornara-se pálida e seu estado físico e emocional requeriam cuidados.

Aristona estava fraca, muito fraca, prestes mesmo a sofrer um desmaio.

– Se Aristona vê o espírito de Esmérdis, é porque ele morreu! – exclamou Cambyses, que tinha esperanças de encontrá-lo.

– Majestade, ele desapareceu, mas garanto-te, não o vi morto! – explicou Prexaspes, que sabia como o rei era supersticioso e impressionável.

– Ah! Prexaspes, se atentaram contra Esmérdis, atentarão, também, contra mim. Aristona, estás demasiadamente desgastada pela viagem, vá descansar! – ordenou-lhe.

A partir daquele momento, Cambyses aumentou a guarda à sua volta. Sentia-se rodeado de inimigos, mas seus espiões eram muitos.

Decidiu que, após o culto a Moloch, retornariam ao Egito com o Exército.

***

Muitos pensamentos ardiam em seu cérebro, porque sua intuição lhe dizia que o possível assassino de Esmérdis estava entre eles.

Desconfiava de Dario, mas não tinha nenhuma prova. Prexaspes afirmara que eles seguiam bem à frente, talvez não houvesse tempo para serem alcançados por ele.

Lembrou-se dos conselhos de seu pai. Suas palavras estavam nítidas quanto à divisão de seu império entre os dois.

Manter-se-ia fiel ao pedido paterno. Tanaoxares, se vivesse, governaria com ele.

Fingiu acreditar na inocência de Dario e passou a observar as atitudes daquele que ambicionava o trono da Babilônia e da Pérsia.

Raciocinou consigo mesmo, enquanto recostou a cabeça numa almofada e afagava seu cão pastor: "Se eu morresse agora, quem assumiria o meu reinado? Quem senão esse imbecil?"

Atossa estava cega, tornara-se sua aliada.

Restava-lhe Aristona.

Algumas vezes, os comentários sobre a morte de seu irmão se intensificavam. Alguém tinha interesse em que se acreditasse que o Bardya estava morto. Hystaspes e Dario eram os que mais o afirmavam.

Como poderiam ter tanta certeza, se ninguém encontrara seu corpo?

As dúvidas eram tantas, que nem Prexaspes ficou isento de ser vigiado.

E se Prexaspes estivesse mentindo? Pensou, desconfiando de seu fiel escudeiro.

Cambyses não tinha mais sossego. Não sabia em quem poderia confiar naquele reino cheio de intrigas e traições.

Prexaspes assumiu o lugar de Hystaspes, contrariando a aristocracia persa. Os magos que rodeavam a corte de Cambyses acercaram-se do novo governador e se colocaram à sua disposição. Mais felizes ficaram quando souberam que Cambyses levaria Hystaspes para Ecbátana.

Colocando Prexaspes no governo, ele saberia avaliar a reação de Hystaspes, que estava velho, mas mantinha seu tino guerreiro. Cambyses necessitava de sua experiência para organizar seu exército que seria treinado em Ecbátana.

– Udjahorresne, serás o secretário mor de Prexaspes. Coloca vigias junto aos ministros, pois necessitamos saber tudo o que se passa em todo o Irão.

As ordens do rei eram sagradas. Hystaspes e Dario passaram a odiar Prexaspes, que se interpunha aos seus planos e, ao se unir àqueles magos, os prejudicava.

Atossa, envenenada por Dario, estava certa de que seu irmão fora assassinado pelo próprio Cambyses e Prexaspes teria sido o autor.

Para Dario continuar seus ignóbeis projetos, faltava lançar a dúvida em Aristona, pois, aos poucos, conseguiria aliciar Udjahorresne e enfraquecer os conselheiros de Cambyses.

Por direito, ele deveria ocupar o lugar de seu pai, mas este somente o colocaria se descobrisse o paradeiro do irmão.

Não hesitou em formular um plano para corrigir aquela situação.

Eliminando Prexaspes, Cambyses se enfraqueceria.

Dario começou a fomentar um plano em que necessitaria muita diplomacia para chegar ao êxito.

***

Aristona tecia uma almofada, quando percebeu alguém se aproximar e viu Dario junto dela com a respiração um tanto ofegante.

– Dario, estás estranho, desde que aqui chegaste, ou será minha impressão? O que se passa contigo? – indagou, apesar da natural antipatia, vendo que seu aspecto não estava bom.

– Nada, Aristona, apenas a morte de Esmérdis me preocupa e o desaparecimento de seu corpo.

Aristona, ao ver o espírito de Esmérdis, talvez pudesse descobrir o autor de sua morte ou saber o lugar onde ele se escondera e, para sondar a cunhada, investiu:

– Encontraram um homem afogado com uma lança atravessada na garganta. O cadáver estava irreconhecível. Tudo nos leva a crer que se trata do próprio Esmérdis, mas ninguém pode afirmá-lo, com segurança.

O corpo a que ele se referia fora encontrado em decomposição, assinalando que a data de sua morte teria sido anterior à de Esmérdis.

– Eu soube, Dario, mas Cambyses duvida que possa ser Esmérdis. Ele não quer mais que se comente este fato no reino.

– Tudo nos leva a crer que o Bardya se interpunha a seus cultos, e talvez fosse sacrificado pelos interessados –

disse Dario, sutilmente, desejando lançar-lhe uma dúvida. – Soube que, hoje mesmo, serão levadas novas vítimas a Moloch. Cambyses teima em contrariar o espírito de seu pai. A única pessoa capaz de convencê-lo és tu, Aristona. Cambyses não ouve a mais ninguém.

Dario queria conquistar-lhe a confiança, mas Aristona parecia não lhe dar ouvidos. Ela se recusava a ter intimidades com ele. Tratava-o com certa frieza e ele não encontrava meios para envenenar seu coração.

Nenhum deles desconhecia o que acontecia naqueles cultos terríveis na floresta, mas ninguém ousava comentar.

Atossa viu-os conversando e se aproximou enciumada, julgando que Dario a estivesse traindo. Os dois tratavam daquele assunto como se estivessem confidenciando, pois era proibido qualquer assunto sobre os cultos.

– Olha, quem eu vejo. Há mais de uma hora, procuro-te, Dario!... – exclamou Atossa, nervosa, e encarando a outra.

Aristona nem fez caso dos ciúmes da irmã e saiu sem lhes dar atenção, ocupada com seu trabalho.

Moloch

Naquela noite enluarada, em plena floresta, aconteceria mais um terrível culto.

Numa clareira abriram um enorme salão ao ar livre, longe de qualquer olhar.

Hystaspes e seus aliados, que detestavam Cambyses, haviam descoberto o local do infame culto. Decidiram que, naquela noite, terminariam com aquela farsa e limpariam a Pérsia de sua funesta influência.

Enquanto Cambyses e Prexaspes organizavam a cerimônia, Dario e seu pai seguiam, passo a passo, a ida e vinda de escravos que carregavam para a floresta: comidas, roupas, móveis e outros apetrechos que usariam durante a cerimônia.

Ficaram mais preocupados quando viram que alguns influentes magos também aderiram à cerimônia.

Tudo preparado.

À tarde, enquanto o crepúsculo vermelho do horizonte desaparecia, dando lugar ao manto estrelado da noite, silenciosamente, uma liteira carregada por quatro homens fortes chegava ao local. Era Cambyses.

Naqueles rostos não se via alegria, seus olhares opacos traduziam seu estado dalma.

O funesto ritual começaria com a chegada do soberano.

Os soldados fizeram um semicírculo para o rei passar e depois fecharam este círculo com suas lanças.

No centro, o altar de pedras, numa altura de cinco metros e no topo deste, o trono de pedras.

As tochas acesas tremiam com as rajadas de vento e davam ao espetáculo um aspecto lúgubre.

Na bizarra cerimônia, um deles se fantasiava de Moloch, era o que conduzia o rei ao trono onde se erguia a monumental estátua.

Um belo escravo, totalmente nu, elevou ao ar a taça cheia de um líquido. Fez alguns gestos e depois passou-a a Cambyses que, com sorriso sinistro e olhar brilhante, sorveu todo o líquido de uma vez.

Sua tez tornara-se mais pálida à luz daquele luar.

Não se mexia, apenas seus olhos, como duas chamas, atestavam que, ainda naquele corpo, habitava um espírito.

Depois desfilaram para o rei várias jovens, quase crianças.

Elas desfilavam, uma a uma e todas eram obrigadas a beber aquele líquido verde.

Outro escravo carregava uma ânfora dourada e Cambyses ingeria o haoma, feito especialmente para ele.

Instantes após, começava-se a orgia.

Ele tornava-se a própria personificação do mal, parecia incorporar o deus Moloch.

Dentro do deus horrendo, de pedra, crepitava fogo interno que lhe dava aparência de vida.

Algumas escravas não suportavam a forte bebida e

desmaiavam. Outras, incorporavam espíritos e dançavam frente ao fogo, enlouquecidas.

Entre as jovens escravas enfileiradas, escolhia-se a mais bela, que deveria ficar para o final da cerimônia.

Algumas jovens desmaiavam, antes mesmo da cerimônia chegar ao meio.

As dançarinas dançavam aos sons dos tambores. Contorciam-se como serpentes e rolavam no chão, até desmaiarem.

Dentre as mulheres, uma era escolhida para ser sacrificada.

A jovem escolhida e destinada a Moloch era enfeitada como uma rainha, os seios descobertos e o ventre coberto apenas por um véu.

Era o ápice da cerimônia.

O representante de Moloch ocultava seu rosto sob odienta máscara. Aquele ser sinistro ergueu um punhal, cuja lâmina afiada brilhou. Ensaiou uma dança macabra para dar mais enfoque a seu gesto. Depois retirou do peito nu o coração da jovem, enquanto o sangue era derramado ainda quente numa taça e entregue ao rei.

Impossível descrever o que se passava nesta cerimônia, que atingia o seu auge quando o soberano saciava sua sede de vingança, bebendo o sangue de sua oferenda.

Ouviu-se um grito de guerra aos sons dos tambores.

Erguida a taça, Cambyses pronunciou as palavras:

– Salve, Moloch, deus infernal!

– Que morram todos os inimigos do rei!

O odor de carne queimada e os gritos infernais espalhavam entre os soldados e escravos uma ruidosa algazarra e muitos daqueles jovens não conseguiam retornar, com vida, a seus lares.

Cambyses acreditava que aquele sangue fosse capaz de aumentar seus poderes, dilatar sua vida e manter sua juventude. Depois todos dançavam e bebiam o sangue de outras vítimas levadas, posteriormente, ao sacrifício.

O deus Moloch descia e falava com Cambyses.

A natureza parecia chorar, porque o próprio vento desejava apagar o fogo que ainda crepitava nas labaredas de sangue.

Uma rajada de vento apagou as piras, somente a lua brilhava lúgubre e triste sobre aquele amontoado de vítimas da ignorância e insensatez.

Hystaspes e Dario sentiram que nada poderiam fazer, por enquanto, contra o rei, cujo exército era forte em comparação com os seus aliados.

Teriam que esperar seu regresso ao Egito e agiriam na sua ausência.

No Egito

Após um mês, Cambyses retornou ao Egito.

A possível morte de seu irmão havia modificado o rumo dos acontecimentos. Prexaspes, também, era necessário em Susa e o manteria informado.

Pela primeira vez, o rei ficou decepcionado, ao perceber que aquele Moloch, em quem tanto confiara, não lhe saciara a curiosidade, uma vez que a morte de Esmérdis permanecia um mistério.

Talvez Aristona estivesse certa. Na fascinante terra dos faraós encontraria sua resposta, pensou.

No Egito, podia relaxar um pouco e dedicar-se à arte que tanto apreciava. Ele contava com inúmeros aliados.

Incentivado por Aristona, Cambyses iniciou o trabalho de novas estátuas, através de Artestes-Dahr.

Os amantes conseguiam manter seu relacionamento no mais completo anonimato.

Passaram-se meses e Aristona percebeu seu ventre arredondado.

Estava grávida.

Aristona ocultou sua gravidez enquanto pode.

Todos deveriam pensar que aquele filho pertencia a Cambyses.

No intuito de preservar a vida de sua amada, diminuir seu sofrimento, Artestes continuava no palácio, trabalhando para seu soberano com esmero e atenção. Criou, para seu deleite, novos adornos para compor seu vestuário. Seu novo desafio era uma estátua do rei.

Um grupo de artesãos também foi contratado para a nova tarefa.

Artestes-Dahr, enquanto trabalhava no palácio, sentia-se protegido por sua própria arte, conhecia todas as intrigas palacianas e os detalhes das campanhas de Cambyses.

O artista ganhou a confiança plena do rei.

Certo dia, Artestes ouviu um comentário de escravas que limpavam os aposentos e seu coração encheu-se de dor.

– A princesa está esperando um filho do Rei – comentava Nefer com a outra escrava.

– Maus presságios nos aguardam. Um irmão não pode engravidar a irmã, pois é um sacrilégio que se faz ao próprio Deus – respondeu uma judia.

– De Cambyses tudo se pode esperar, Mirtes, mas o Bardya, ontem, tornou a aparecer a Aristona e ela se encontra prostrada, porque acredita ver o espírito do irmão. Isto acontece por causa das beberagens que o rei a obriga a ingerir. Vi com meus próprios olhos ele obrigá-la a beber novamente aquele líquido.

O rei trouxera uma planta da Pérsia, que um escravo cultivava com o maior esmero, num dos jardins. O ciúme que ele tinha da planta, levou as escravas a crer que era de lá que ele extraía a bebida que tornava Aristona debilitada.

Cambyses colocou guardas para que ninguém se aproximasse da planta.

As duas aias conversavam sem serem percebidas por Artestes, que ouvia e registrava tudo, confirmando suas suspeitas.

"Ele obriga Aristona a partilhar com ele aquele êxtase" – pensou o artesão, penalizado, porque Aristona, para preservá-lo, lhe ocultava o que acontecia na alcova de Cambyses.

Artestes temia pela vida de sua amada e de seu filho, se ela continuasse ingerindo aquela bebida tóxica.

Procurou-a, secretamente, insistiu na veracidade daqueles falatórios.

Aristona, mediante seu olhar e cansada de sofrer, não lhe negou o que se passava.

Então Artestes lhe propôs fugirem.

– Minha amada, planejemos nossa fuga, pois nosso filho não resistirá a essa bebida que Cambyses te obriga a beber.

Disse examinando sua barriga e a extrema palidez que a jovem apresentava. Duas enormes olheiras denunciavam seu grave estado de saúde.

– Cambyses obriga-me a beber para que eu lhe conte os segredos que nos envolvem, ele deseja que eu fale onde se encontra Esmérdis. Obriga-me, através do ritual, a delatar seus inimigos... Já não suporto mais. Tenho desmaios prolongados e procuro resistir – pranteou sua desdita e encostou a linda cabeça no ombro de seu amado, procurando abrigo.

Artestes abraçou-a carinhosamente e disse:

– Meu amor, vou libertar-te. Vamos fugir. Tenho amigos que nos ajudarão.

– Acredito seja impossível afastar-me daqui – replicou a jovem, desanimada.

– Na próxima noite, após o ritual, quando Cambyses estiver dormindo, fugiremos numa carroça. Disfarçados de camponeses, deixaremos este lugar repleto de maus presságios – disse ele cheio de planos.

– Como eu desejaria ter nosso filho longe daqui! Qualquer caverna seria melhor que este luxo infeliz. Oh! Meu amado, queira Deus que esteja certo. Este mesmo Deus que anuncia um Salvador para o mundo, o Deus bom possa nos tirar deste cativeiro. Já não suporto mais tantas loucuras. Necessito respirar o ar puro da aurora. Estarei contigo, meu amado. Nosso filho haverá de nascer longe de todo o mal – desabafou Aristona, sonhando com a possibilidade de se ver livre daquele peso.

Os enamorados beijaram-se apaixonadamente e se despediram antes que alguém os visse.

Um vago lampejo de felicidade

Cambyses ainda não havia percebido o estado de sua irmã.

Em poucos meses, Aristona não poderia mais esconder sua gravidez.

Certo dia, o rei havia sofrido uma forte crise.

Depois da crise, ficou muito alerta, seus olhos pareciam ver além da matéria. Toda a sua cabeça parecia ter olhos.

Viu Aristona passar e a chamou:

– Aristona, pequena flor, vem.

Não havia como fugir. Não suportava suas crueldades. Seus sentimentos, mesclados de amor e ódio, formavam uma mistura que nem ela mesma podia compreender.

– Meu irmão, não provoques mais a ira dos deuses! – reclamou Aristona, porque Cambyses, recentemente, havia mandado açoitar alguns egípcios, que morreram em conseqüência dos maus tratos.

– Por que me dizes isto, Aristona, do que sabes?

– Nada sei. Apenas desejo que não provoques mais os egípcios, devolva-lhes a liberdade. Este povo é predestinado a uma missão no mundo.

– Aristona, por que não torna claras as tuas palavras? Não provoques tu a minha ira, e conta-me o que sabes sobre estes malditos, ou te obrigarei a dizer-me tudo o que me ocultas! – ameaçou-a, nervoso.

– Está bem, Cambyses, dir-te-ei como um último aviso, pois nosso pai apareceu-me em sonhos e me pediu para alertar-te. Este povo que maltratas tem uma nobre missão, a de trazer o Salvador da Terra. Missão que será cumprida mais cedo ou mais tarde e todo o mundo conhecerá o seu Poder e a sua Soberania – disse Aristona, impregnada das idéias religiosas de Artestes-Dahr.

– Ninguém poderá ter mais poder que eu, tola Aristona. Não vês que todos tremem a meus pés? Eu também sou um Deus! – disse levantando os olhos altivos e erguendo o queixo, que a barba anelada acentuava.

– Tu não sabes, Cambyses, mas o deus de que eles falam é imortal. Não é feito de carne que apodrece! Tampouco é feito de pedra sem vida e fria! O Deus dos egípcios é espírito que jamais morre! Foi esse Deus que nosso pai nos ensinou a amar e reverenciar. Por que não obedeces os conselhos de Ciro?

– Ciro já morreu, teve o seu momento de glória! – respondeu.

Aquele Deus a que Aristona se referia, seria o sol de Osíris?

Ao se lembrar daquele dia, seu semblante ficou sombrio.

Perguntou à irmã, com amargura na voz:

– O que sabes sobre o sol de Osíris?

Apesar de tudo, Cambyses prestava atenção no que sua irmã lhe falava, principalmente quando estava sóbrio, o que era uma raridade.

– Nada sei, Cambyses, somente o sumo-sacerdote é capaz de manter contato com ele.

O certo é que aquele ser protegia Ranofer. A prova era que ele não tivera coragem de agredi-lo.

Naquele dia, ele se sentia disposto a conversar e Aristona aproveitou.

Aristona, com a mente voltada para a sua possível fuga, queria preservá-lo de novos sofrimentos. Logo estaria longe, e quem cuidaria de Cambyses?

Um misto de amor e piedade tomou conta dela, quis falar-lhe pela última vez, mesmo que ele não lhe desse ouvidos.

Era sua chance para tentar modificar seu destino de déspota.

– Sim, Cambyses, Ciro morreu, mas sua lembrança vive na memória de todos os que o amavam e é assim que um soberano deve partir, sendo lembrado por seus feitos – disse Aristona com saudade, recordando-se da magnanimidade de seu pai.

– Porventura, me julgas, minha irmã? – ameaçou-a, severo.

– Não, Cambyses, talvez, no reino, ninguém te ame mais do que eu, por isso me atrevo a te dizer tudo o que te possa ser útil. Perdoa-me a ousadia – respondeu humilde, pois acreditava que aquela seria a última vez que o veria.

Sua voz não lhe deixava dúvidas, Aristona por certo o amava. Temia por seu destino.

Um raio de felicidade invadiu sua alma e seus olhos brilharam diferente.

O rei, ao perceber a ternura daqueles olhos negros que o fixavam, desarmou-se.

“Por certo ela me ama” – pensou feliz, sentindo um lampejo de amor aquecer sua vida.

Fazia tempo que os dois não conversavam com calma. Atossa casara-se e se encontrava distante. Esmérdis desaparecera. Restavam eles, eram os únicos com todo aquele colossal império.

Lembraram-se dos folguedos infantis, das lágrimas que ele a fizera derramar. Recordou-se, feliz, dos pais, quando contavam com o carinho materno e a proteção de Ciro.

Era o prenúncio de uma grande despedida entre eles.

Aristona, ao pensar que não mais o veria, seu coração estremeceu, mas Artestes-Dahr e seu carinho falavam mais alto.

Cambyses fizera dela uma escrava à mercê de seus caprichos. Ela era o único ser que lhe restava.

Observou-a mais detidamente, como se a visse pela primeira vez.

– Estás grávida?

– Sim – respondeu corando, porque seu ventre começava a aparecer.

– Trazes neste ventre, um filho do rei? – perguntou com ternura na voz, admirado.

Aristona baixou os olhos, para não encará-lo.

– Oh! Honrada Aristona, um herdeiro, um aquemênida! – disse orgulhoso, julgando-se ser o pai.

Depois, levantou-se num impulso.

– Malditos! Deuses infernais! Pois mentiram, quando me afirmaram que não teria herdeiros!

Seus olhos brilharam mais, pareciam duas tochas de fogo, ao se lembrar de antigas revelações.

Aristona estremeceu. Ele jamais poderia saber a verdade.

Cambyses havia nascido com um sinal, o estigma do homem estéril, assinalado pelos deuses.

Pela primeira vez ela viu os olhos de Cambyses brilharem de felicidade.

– Nesta noite, quando as estrelas cintilarem, os astros revelarão a sorte de meu herdeiro. Irás comigo para o terraço, pequena flor, desvendaremos os segredos da vida e do destino. Prepara-te, Aristona, porque serás minha rainha!

A pobre mulher estremeceu e, ante aquele olhar do qual pareciam sair fagulhas, ela silenciou.

Nada poderia fazer para ajudar seu pobre irmão, cujo poder e riqueza subiram-lhe à cabeça. Ao sentir-se amado, queria depositar o mundo a seus pés.

Quem poderia entender Cambyses?

Ele era um enigma.

Uma surpresa

Cambyses, após o diálogo com a irmã, sentiu-se menos infeliz e pareceu amenizar suas atitudes.

O rei, incansavelmente, queria ampliar suas conquistas e enviara à Etiópia vários espiões, para estudarem a vida daquele povo e mantê-lo informado. Enquanto isso, seu exército confeccionava novas armas e novas embarcações.

Aristona aproveitou a ausência de Cambyses, e, auxiliada por Nefer, foi ao templo encontrar-se com Ranofer, para se aconselhar.

Foi recebida com grande alegria.

Aristona confessou-se a Ranofer, pedindo-lhe ajuda espiritual.

O belo sacerdote olhou-a compadecido, ao ouvir-lhe os anseios.

– Ranofer, sinto-me deprimida com a morte de Esmérdis. Sonho com ele quase todas as noites. Até hoje não posso crer em sua morte.

Ranofer ouvia sorrindo e bondoso.

– Cambyses não se conforma. Quer uma explicação. Meu irmão pensa que, me obrigando a ingerir a bebida dos deuses (*haoma*), eu possa lhe relatar o que ele deseja saber.

Conhecendo os efeitos maléficos que a planta exercia sobre a mente, Ranofer ficou sério.

– Oh! Pobre criança! Ninguém para te defender.

As lágrimas de Aristona o comoveram profundamente.

Nefer, sua aia, ficara na entrada do templo, aguardando-a.

Aristona seguiu Ranofer, passaram pelas alas até uma sala, onde poderiam conversar mais à vontade.

Ao se verem a sós, o sacerdote enlaçou-a com todo o amor que lhe dedicava. Ele amava aquela jovem, mas nunca tivera oportunidade de se declarar. Vendo-a ali, tão frágil, quase não se conteve. Mas decidiu esperar um pouco, pois Aristona, debulhada em lágrimas, estava muito carente.

– Não chores, Aristona, vou livrar-te deste martírio. Promete-me que não comentarás o que irei te revelar? – indagou ansioso, o sacerdote.

– Como me auxiliarás? – perguntou-lhe, admirada. – Cambyses assassinou teus companheiros!... Deverias nos odiar a todos! Se ele sabe que irás me auxiliar, correrás risco de vida, meu amigo!

O sacerdote observou-a complacente, porque ela era muito inexperiente. Olhou-a, demoradamente. Aristona, ante seu olhar, julgou que ele percebera sua gravidez.

Ingenuamente, ela colocou a mão direita sobre o ventre e contou-lhe:

– Ranofer, estou grávida.

Devido à sua excessiva magreza, Ranofer nada havia percebido e olhou-a, surpreso.

– Meu Deus! Estás a esperar um filho de Cambyses? – perguntou o sacerdote com certa tristeza na voz.

– Não, Ranofer, Cambyses pensa que o filho é dele.

Deixo que ele continue assim pensando, porque senão matame e ao pai da criança.

– Eu sei. – Seu olhar perguntava sobre o pai e Aristona, que confiava nele totalmente, contou-lhe tudo sobre Artestes-Dahr.

Por um momento, Ranofer quase se traiu, revelandolhe seu amor, mas conteve-se. Sentiu um misto de ciúme e piedade, misturado ao desejo de protegê-la e decidiu revelarlhe seu segredo.

– É mais um motivo para que saibas o que vou te revelar – disse Ranofer misteriosamente. – Segue-me.

Ela ficou intrigada.

Depois seguiu Ranofer por um longo corredor, que foi se estreitando até uma portinhola disfarçada por uma parede. Nesta parede, estava um segredo que somente Ranofer conhecia. Tocou um dos tijolos e, imediatamente, uma porta se abriu. Jamais alguém descobriria que, além daquela parede, havia outros departamentos dentro daquele misterioso templo.

Ali estavam alguns segredos que os sacerdotes dispunham para confundir os neófitos.

Ainda passaram por várias outras salas e, novo segredo, que Ranofer dominava totalmente, surpreendeu-a. Somente ele sabia transitar por ali sem se perder, abrindo e fechando aquelas portas que guardavam tantos mistérios.

Intrigada, mas confiante, seguiu-o.

Ranofer inspirava-lhe tanta confiança, que nada temia em sua companhia.

Enfim, entraram num aposento e viram um homem de costas.

Ao pressenti-los, ele virou-se.

Aristona quase perdeu os sentidos, quando reconheceu seu querido irmão.

– Esmérdis!

– Aristona!

Correram um para o outro e se fundiram num longo abraço.

– Esmérdis, que felicidade! Estás vivo! – exclamou, apalpando-o, como se tivesse encontrado um tesouro. – Como vieste parar aqui? – perguntou, beijando-o.

– Senta-te, Aristona, é uma longa história.

Esmérdis Tanaoxares contou-lhe tudo.

Foi então que Aristona soube do atentado de Dario contra seu irmão. Esmérdis conseguira fugir dos assassinos e voltar para o Egito. Ranofer dera-lhe abrigo.

Além dos dois, somente ela sabia que ele estava vivo.

Aquele espaço, onde Esmérdis se escondera, era o túmulo de Ranofer, que ele próprio preparara. Ninguém poderia descobri-lo ali, onde somente o sumo-sacerdote tinha acesso.

Esmérdis aproveitou a tranqüilidade daquele esconderijo para receber sábias orientações de Ranofer. Foi ali que ele desenvolveu suas faculdades mediúnicas e se tornou um grande iniciado das ciências ocultas do Templo de Amon. O ambiente facultou-lhe estudar a filosofia pitagórica, a astronomia, a mumificação e toda a ciência oculta dada aos iniciados. A sala, cheia de pergaminhos, atestava o esforço de seu irmão que não perdia tempo em se instruir.

Sua vida, totalmente reclusa, tornara-o diáfano. Aqueles meses em profunda meditação e estudos, fizeram dele um verdadeiro mago.

As paredes físicas que envolviam o Bardya, nunca foram tão transparentes. Sua mente ultrapassava todas as barreiras. Ranofer era sua única ponte de contato com o mundo.

Aristona não cabia em si de felicidade, ao saber que seu irmão estava vivo.

Ciente do segredo, ela considerou:

– Esmérdis, Dario procurou incriminar Cambyses de sua morte, mas não há provas. Nosso irmão sempre desconfiou dele, agora vejo que Cambyses, apesar de sua loucura está certo. – Aristona fez uma leve pausa e deu-lhe todas as informações sobre a vida do rei.

– Fala-me de Atossa, Aristona – pediu o irmão.

– Atossa não ouve ninguém, a não ser Dario. Mas, por que ainda te escondes, querido Esmérdis?

Tanaoxares silenciou.

– Cambyses precisa saber de tudo, urgente! – exclamou Aristona, ansiosa. – Ele se sente muito só. Todos parecem conspirar contra ele.

– Não. Por enquanto não, Aristona. Agirei no momento certo – explicou o Bardya.

– Prexaspes foi colocado em seu lugar, Esmérdis, o que contrariou todos os persas. Não seria melhor que tu assumisses teu posto? – disse Aristona, sem compreender o motivo de Tanaoxares se esconder até então.

– Sim. Eu soube. Mas Hystaspes tornou-se o preferido dos babilônios, que detestam Cambyses. Se agirmos precipitadamente, haverá uma rebelião. Compreendes? Além do mais, Dario e Udjahorresne se uniram para derrubar Cambyses – revelou a Aristona, rogando-lhe silêncio.

– É verdade – concordou Aristona. – Eu sempre

desconfiei de Dario. Mas Cambyses deve saber que estás vivo, Esmérdis. Devemos dizer-lhe tudo para se proteger – raciocinou Aristona.

Ranofer deixou os irmãos conversarem à vontade e, pacientemente, ficou por ali a organizar algumas tabuinhas.

– Não. Nosso irmão e suas atitudes têm angariado para si ferrenhos inimigos. Acredito que nem se contarmos nos dedos seus verdadeiros amigos, os encontraremos – retornou Esmérdis para convencê-la a se calar. – Desconfio que além de Dario e Udjahorresne, outros mais estejam envolvidos.

Esmérdis conhecia os ferrenhos inimigos que tramavam contra Cambyses: a aristocracia persa e os medos que, insuflados por Hystaspes desejavam afastá-lo do poder.

Passaram a conversar sobre outros assuntos e Aristona relatou-lhe sua vida pessoal.

Esmérdis, ao ficar sabendo que Artestes-Dahr era o pai de seu filho, disse:

– Pareceu-me ser um bom homem, Aristona, – lembro-me de tê-lo visto no palácio.

Ele precisava de alguém para proteger sua irmã.

Quando Aristona contou-lhe seus projetos, Esmérdis aconselhou-a:

– Aristona, não te precipites, tua fuga poderá ter conseqüências muito graves. És a única que poderá acalmar a fúria de Cambyses, pensa no pobre povo! – falou, com imensa piedade da irmã. – Eu sei que seria pedir-te muito, minha querida, mas não é fácil fugir de Cambyses. Já imaginaste se tu, também, o deixares?

As palavras de Esmérdis calaram em seu coração, mas o que ele lhe pedia era renunciar à sua felicidade.

– Não, Esmérdis, ninguém avalia o que passo junto a Cambyses. Duas lágrimas brilharam em seus lindos olhos negros. – Quero o meu filho longe de suas loucuras. Mil vezes viver no anonimato, meu irmão – respondeu-lhe, sem forças para continuar.

– Ninguém foge à fúria de Cambyses, Aristona, se te pegam, é o fim. Ele tem escutas por todos os lados. Corres perigo, minha pequena flor.

Esmérdis tinha planos, mas ainda era prematuro agir. Infelizmente, naquele momento, nada podia fazer por sua família, senão protegê-la com suas preces e torcer para que fossem atendidas.

Aristona, ao voltar do templo, estava convencida de que ela e Artestes deveriam adiar sua fuga.

Ela era a única pessoa com quem Cambyses podia contar.

Esmérdis, seu querido irmão, vivia, nem tudo estava perdido. Aquela notícia deixou-a mais tranqüila e a certeza de que não estava só, animou-a.

Mansão dos mortos

Enquanto isso, Cambyses sofria o assédio de suas vítimas, que lhe tiravam o sono. Nos poucos momentos em que dormia, seu sono era agitado e povoado de terríveis pesadelos. Ultimamente, eles se intensificaram, e ele temia dormir e ver aqueles espíritos que o atormentavam.

Durante os pesadelos, via Aristona morta, seu corpo franzino, ensangüentado. Percebia seus conspiradores que lhe ocultavam os rostos. A estas premonições somavam-se as entidades espirituais que vinham lhe tirar a paz.

Por todos os lados via perseguidores, não confiava em ninguém.

Bastava uma leve suspeita e ele sacrificava qualquer um, barbaramente.

Nas noites em que seu desespero chegava ao auge, ele mandava chamar os músicos e as dançarinas e com elas ficava até o amanhecer, em grandes orgias. Não faltavam os comentários de que o rei era indiferente ao povo e vivia em meio à devassidão.

As crises epilépticas voltaram, freqüentes.

Lembrou-se de que Ranofer conhecia remédios para aquele mal.

Certo dia, vencido pelo desespero, procurou o sumo-sacerdote.

Este, ao vê-lo adentrar no templo, assustou-se, porém, controlou-se.

"Terá Aristona lhe revelado sobre Esmérdis?" – pensou angustiado.

Pelo seu aspecto, num relance de olhos, Ranofer tudo adivinhou. Felizmente, as intenções de Cambyses eram outras, constatou que ele desconhecia que Esmérdis estava oculto no templo.

Ouviu-o com profunda atenção. O rei vinha em paz, vencido pelo cansaço de sua mente.

Cambyses deveria estar muito mal para procurá-lo.

Ao se inteirar de seus problemas, serenou-se. O rei vinha apenas buscar um pouco de conforto.

O sacerdote transmitia-lhe paz e segurança. Ele não compreendia por que aquele homem, em plena glória, vivia ali, solitário. Ranofer lhe parecia tão tranqüilo, enquanto ele, cercado de todo poder, não conseguia nem um pouco de paz.

Que magnetismo o atraía para ele?

Por que não o matara de vez?

Que Deus era aquele que ele guardava no coração com tanto amor?

Recordou-se daquele dia em que se encontrou com o sol de Osíris.

Não, jamais retornaria ao sol de Osíris. Jamais!

Duelava consigo mesmo, perante aquele sacerdote que o ouvia com atenção e silêncio, mas parecia auscultar sua alma e desvendar seus sentimentos.

Seu olhar sereno parecia consolá-lo de suas desditas.

O silêncio de Ranofer o desconcertava sobremaneira, seus olhos profundos devassavam o fundo de sua alma. No entanto, ele respondia-lhe apenas o necessário.

Súbita vontade de ajoelhar-se a seus pés e pedir perdão pelo que fizera invadiu-o por um momento. Mas o rei não desejava trair seus sentimentos.

Enquanto toda essa gama de pensamentos dominava o cérebro de Cambyses, Ranofer manipulou um remédio, que colocou num frasco limpo e seco, lacrou-o e depois lhe entregou.

– Toma, meu filho, te sentirás melhor.

Cambyses pegou o frasco de remédio e saiu dali quase fugindo.

Não conseguia odiá-lo.

Ranofer olhou-o se distanciar e voltou aos seus afazeres, lamentando aquele pobre homem, que dirigia o destino de seu povo.

A festa

Sombrio e angustiado, Cambyses regressou ao palácio, decidido a esquecer o sacerdote. Procurou se distrair. Lembrou-se de sua estátua e chamou o artesão:

– Quero ver a minha estátua!.

Artestes imediatamente o levou à sala dos escultores.

Cambyses ficou surpreso e admirado ao ver sua estátua quase pronta.

A colossal estátua media cerca de três metros e se parecia muito com ele. Vaidoso, Cambyses examinou o trabalho e, satisfeito com o artista, elegeu-o seu assessor.

Novos trabalhos surgiram e exigiram outros artistas para auxiliar a Artestes.

Naquela azáfama de novos artesões, Aristona e seu amado quase não se viam para não despertarem suspeitas.

Cerca de trinta pessoas trabalhavam no palácio, incansavelmente.

Algumas esculturas deveriam ficar prontas, imediatamente, para ornarem a embarcação do rei.

Na proa do navio, Cambyses exigiu a sua própria esfinge com duas asas.

Ao terminarem o trabalho, o monarca quis comemorar

a realização das belas peças de arte com seus autores e deu uma festa para expor todos os trabalhos no pátio, de onde seriam transportados para os cais.

A exposição dos trabalhos era muito diversificada. Além das esculturas, havia toda a sorte de objetos que deveriam decorar a cabine real. Cambyses sorriu, satisfeito, ao ver canecas, potes, vasos e outros utensílios em ouro, outros em prata e outros em cobre, ricamente detalhados para o seu deleite e utilização.

Outra série de objetos artísticos seriam levadas como ofertas para conquistar os etíopes e os cartaginenses.

A festa culminou em grande orgia.

Aristona e Artestes permaneciam, discretamente, longe um do outro, como se fossem dois desconhecidos.

Seus olhos, no entanto, traíam a todo o momento, o amor que sentiam, e não conseguiam enganar um observador arguto.

Aristona estava belíssima, a gravidez lhe emprestava um ar especial. Ele, por sua vez, estava muito saudoso de ficarem juntos, trocarem algumas frases.

Felizmente, todos estavam muito embriagados para observarem os dois enamorados.

A festa somente serviu para que Artestes acompanhasse, *in loco,* o comportamento do rei naquelas orgias e compreendesse o quanto Aristona vinha sofrendo.

O rapaz quase se traiu, ao assistir a uma deprimente cena: Cambyses obrigou a irmã a beber com ele. Virou seu rosto e, abraçando-a pelas costas, prendeu-a, depois fê-la ingerir a sua bebida preferida. Não ficando contente, beijou-a, repetidas vezes, sem o mínimo respeito aos convidados e à sua gravidez.

Era assim que a tratava quando se embriagava. Perdia

o controle sobre si mesmo e submetia todas as mulheres ao sabor de seus desejos e paixões.

Artestes, enciumado, deu um passo à frente, mas foi contido por um forte braço que o puxou para trás. Era Meness, um artesão que fora contratado por ele mesmo e se tornara seu amigo íntimo. Há algum tempo vinha observando as atitudes de Artestes e já adivinhara aquele amor clandestino.

– Contém-te, estás louco! – pediu-lhe o artista, recém contratado.

Artestes olhou-o, nervoso. Deparou com seu olhar severo. Só então percebeu o gesto insensato que estava prestes a fazer.

– Obrigado, Meness, perdi o controle.

– Eu sei – respondeu o amigo, compadecido.

Voltou a si, procurou se recompor rápido e afastou-se, sem demora, antes que seu ciúme o traísse e colocasse suas vidas em risco.

Um grande amor

Artestes-Dahr, ao sair, lançou um olhar de desprezo àquele final infeliz.

Estavam todos dominados pelo rei. Ao perceber o grau de loucura do jovem soberano, lembrou-se do povo que dependia dele e uma grande amargura invadiu sua alma.

Artestes recolheu-se num canto para se acalmar. Como todo bom egípcio, ele era religioso e, ali mesmo, entregou-se à sua fé e orou.

Artestes fizera parte dos círculos iniciáticos. Pertencia a uma nobre família egípcia, seus pais desejavam que ele se tornasse sacerdote, mas seu temperamento romântico levou-o a optar pelas artes.

Nos círculos iniciáticos que freqüentara, conhecera os preciosos ensinamentos que anunciavam a vinda de um Messias. Em seu íntimo, imaginava como seria aquele homem. Sentia por aquela imagem uma grande admiração que o levou, certa vez, a sonhar com o Senhor. O sonho foi tão maravilhoso que ele ficou em estado de graça por muitos dias.

A partir deste sonho, aquela imagem nunca mais se desfez de sua mente.

Era ao Senhor que ele buscava, naquele momento cheio de tristeza, em que suas forças eram impotentes.

Algumas vezes, chamou-o no silêncio da noite e, em suas necessidades mais prementes, sempre se sentia fortalecido quando pensava nele.

Somente alguém com tal amor poderia acalmar a fúria do ódio.

Ódio sangrento que tinha raízes no próprio mal.

Sem um auxílio espiritual, uma força maior, ele nada poderia fazer para modificar seu destino.

O artista refugiou-se num canto, sentou-se por trás de uns arbustos, sob o clarão do luar. Olhou para o céu e viu as estrelas cintilantes. Depois fechou os olhos e ligou-se àquele ser, implorando sua ajuda para suportar aquele fardo que se lhe tornara muito pesado.

Orou com toda a sinceridade de seu coração. Louvou o Deus magnânimo que adorava.

– Ó Deus das Alturas, tu que brilhas mais que o Sol, tu que cuidas das plantas, dos animais e alimenta a alma inteligente do homem e faz com que os rios corram para uma mesma direção. Tu, que conheces o começo e o fim de todas as coisas, Ouve o meu cantar, ouve, ó Deus das Alturas, o meu chorar e me consola o pranto, e livra-me do mal daqueles que desconhecem o seu poder. Dia virá em que todo o ódio se esvairá com a luz do teu amor. Consola o meu coração, enxuga meu pranto e infunde em minha alma a fé e eu nada temerei, contigo a meu lado. Ó Deus das Alturas, Deus da minh'alma. Consola o meu coração e me dá alento, me concede sabedoria para reger o meu destino. Protege a minha amada das garras do mal, deste terrível jugo que nos sufoca e das cadeias que nos aprisionam.

Suas palavras, quase imperceptíveis, deram-lhe uma

couraça protetora. Artestes estava muito belo sob aquele luar prateado. Dominado pelos eflúvios equilibrados de sua oração sentiu muita paz e, neste clima de confortante esperança, nem percebeu a presença de sua amada, que se aproximara silenciosamente.

Aristona, tão logo se viu livre daquela orgia, foi procurá-lo.

Precisava se recompor daquelas bebidas que era obrigada a ingerir, mesmo em pequenas quantidades. As drogas estavam comprometendo sua saúde mental e física.

Encontrou seu amado, ajoelhado e imitou-o, ocultando-se atrás das plantas.

De onde eles se encontravam, podiam ver o luar magnífico que iluminava a terra.

– Tu aqui, Aristona? – olhou-a admirado.

– Sim, Artestes, eu mesma – respondeu-lhe num sussurro, muito pálida.

– Não tens medo que te vejam comigo? – perguntou-lhe, olhando para os lados.

– Neste momento, todos estão ébrios. Cambyses também, encontra-se desacordado e embriagado. Eu não conseguirei fechar os olhos depois de tudo o que presenciei nesta noite, o deprimente quadro que deixei para trás.

– Sinto-me, também, assim – disse Artestes.

Ocultos atrás das folhagens, acreditavam os namorados que ninguém os veria. Fazia tempo que não tinham oportunidade de se encontrarem a sós.

Fortalecidos por seu amor, grande felicidade os invadiu e se esqueceram de tudo.

Queriam apenas matar a saudade um do outro.

Seus olhos falavam do que lhes ia na alma. Aquele

idílio do coração dispensava qualquer palavra, o importante era o amor. Artestes envolveu-a nos seus braços e beijou-a longamente.

– Minhas noites têm sido povoadas de sonhos magníficos em que tu estás presente, Aristona. Causa-me dor e angústia ver-te sofrer nas mãos de Cambyses e nada poder fazer para aliviar-te! Sinto-me covarde.

Beijou seus delicados dedos numa única confissão, selando seu segredo.

– Meu coração, já me dizia, Artestes, que um dia estaríamos assim frente a frente. Este é o único momento que de fato me alegra e me dá forças para suportar a minha vida.

– Deus atendeu meu pedido, pequena flor. Quando iremos terminar este cativeiro? Já decidiste sobre a nossa fuga?

Ela e o sumo-sacerdote eram os únicos que sabiam sobre Esmérdis.

– Não. Artestes, temo por nossas vidas. Cambyses irá para longe, além-mar. Não se sabe quanto tempo ficará ausente. Quando regressar, nosso filho já terá nascido. Então tudo será mais fácil. Aguardemos, meu amado.

– O que presenciei hoje, meu amor, preocupa-me. Temo por ti e nosso filho.

– Nem penses, Artestes, em modificar o meu destino, pois sucumbiremos os dois. Nem Deus poderá nos proteger da fúria de Cambyses, se descobrir nosso segredo. Ele não suporta nenhum tipo de traição.

– É um homem perigoso e ninguém vive ao seu lado em segurança. – disse Artestes desejoso de terminar logo com o sofrimento dela.

– Artestes, Cambyses necessita de amor e

compreensão, quando se sente amado, torna-se manso como um carneiro – defendeu-o, Aristona.

Mas o artista sentiu-se enciumado e reclamou:

– Tu ainda tens coragem de defendê-lo, Aristona?

– Por mais que eu queira odiar Cambyses, não consigo, Artestes. Sinto-me presa a ele.

Seu amado estava com ciúmes e Aristona, para amenizar seu tormento, enlaçou-o carinhosamente.

– Enquanto isso, meu amor, pensemos em dar um nome para nosso filhinho. Ou será uma menina?

O ventre de Aristona mexeu-se e os dois enamorados se esqueceram um pouco daquele que os fazia sofrer.

O casal passou o resto da noite entre beijos e juras de amor.

– Nada mais preciso, além de me sentir amada, pois meu destino está traçado nestas estrelas que cintilam na abóbada celeste. – Aristona estava triste, convicta de que nada poderia mudar seu destino, enquanto Cambyses existisse.

– Resta-me a felicidade de viver ao teu lado, mesmo vendo-te de longe e contentando-me com pequenos momentos como este. Amas-me, minha flor?

– Sim, Artestes, do primeiro momento em que te vi e teus olhos pousaram sobre os meus, senti minha alma se aquecer como se um raio do sol entrasse na minha triste vida.

Os dois, encantados com o momento, nem perceberam que a aurora já ensaiava sua luz.

Ao se depararem com a claridade, separaram-se a contragosto e cada qual foi cuidar de se recolher em seu aposento, o mais rápido possível.

A vingança

Infelizmente, um dos espiões de Cambyses presenciou aquele idílio.

O espião somente esperou o rei acordar para lhe contar tudo o que vira.

Antes o espião tivesse ignorado o que vira, pois o rei, ao saber, ficou enlouquecido de ciúmes e ódio. Nada fez de imediato, mas decidiu levar o amante e a irmã para o mar.

Sua vingança seria em alto mar.

Evitou Aristona até a realização da viagem. Seus olhos destilavam ódio e ninguém podia avaliar a fúria que lhe invadira o coração.

Apressou sua viagem.

Aristona, sem desconfiar das intenções de Cambyses, acompanhou-o até o navio para assistir à colocação das estátuas e dos objetos em sua cabine.

Cambyses permaneceu em silêncio durante todo o trajeto. Estava pálido e estranho.

A jovem pensou que seria conseqüência da ressaca da noite anterior.

Assim que eles chegaram, Aristona viu dois soldados carregando Artestes e outros levando as estátuas. De pronto não compreendeu o que se passava e, naquela confusão, não viu que Artestes estava preso.

Olhou rapidamente, estranhou o fato, mas Cambyses estava ao seu lado. Procurou não demonstrar sua curiosidade, porém, logo compreendeu do que se tratava. Viu os soldados amarrarem Artestes na proa da embarcação.

Foi então que Aristona começou a desconfiar da estranha atitude de Cambyses.

Sua preocupação aumentou quando viu Artestes sendo amarrado a uma das estátuas.

Olhou para trás e a embarcação estava a alguns metros do porto.

As torturas começaram para o desespero dos dois amantes.

A jovem fez menção de se afastar e Cambyses a segurou fortemente nos braços.

– Fica! – exclamou raivoso. – É para teu deleite. Pagarás a afronta que me fizeste!

Ela tudo compreendeu, Cambyses já sabia de seu romance.

– Solta-me – pediu, tentando se libertar de suas mãos.

Ele obrigou-a a ver toda a cena.

Artestes já havia apanhado muito, porque seu corpo estava sangrando.

O moço foi amarrado e esticado pelos pés e pelas pernas entre duas estátuas; no pescoço colocaram-lhe uma tábua em forma de colar, impedindo-o de mexer a cabeça. Assim Artestes sofreu durante todo o trajeto, sob o sol escaldante e sob as torturas indescritíveis, ordenadas por Cambyses.

Aristona foi obrigada a assistir aos maus tratos e, por

mais que tentasse se soltar para não ver a terrível cena, não conseguia.

O artista já estava desfalecendo, sua agonia chegava ao fim. Cambyses, antecipadamente, brindava sua morte e obrigava-a a brindar com ele.

Alguns artistas, amigos de Artestes, estavam completamente apavorados com aquela demonstração plena de crueldade, mas ninguém podia fazer nada. Ali era assistir ou morrer.

– Piedade, Cambyses! A morte é menos cruel! – disse Aristona num sussurro, enquanto lágrimas abundantes desciam sobre sua face descorada.

Vendo que suas palavras não o tocavam, continuou:

– Nunca mais olharei para outro homem, senão tu, ó Cambyses, por piedade, rogo-te, mata-o!

O estranho brilho em seu olhar fulminou-a como um raio. Seu irmão tornara-se horrível a seus olhos.

Aquele olhar lhe dizia tudo e ela, naquele instante, odiou-o com toda a força de sua alma. Desejou arrancar-lhe os olhos, estraçalhá-lo e vingar o flagelo que seu amado estava sofrendo.

Ao vê-lo no estertor da morte, a pobre mulher sentiu-se a mais vil das criaturas, impotente para salvá-lo. Com o coração arrebentado de dor e ódio, avançou para Cambyses como uma fera enlouquecida.

Os soldados ficaram impressionados com sua atitude.

Como uma mulher tão frágil poderia ter adquirido tamanha força, pensavam eles, assistindo ao ataque e à rapidez dos acontecimentos.

Era impressionante.

A sua fúria foi tão grande que conseguiu atingir

Cambyses com um golpe certeiro, num dos olhos. Os soldados, porém, a impediram de continuar.

Cambyses ficou vermelho de raiva e ordenou que a amarrassem frente ao jovem agonizante.

– Odeio-te, Cambyses, odiar-te-ei pelo resto de minha vida! – gritou, enfurecida. Parecia uma leoa e, se os soldados a largassem, talvez ela tivesse matado seu irmão ou se atirado ao mar.

Cambyses, embriagado, ria, parecendo um gênio infernal, ao vê-la se debater. De sua face escorreu um filete de sangue, provocado pelo anel de Aristona ao atingir-lhe um olho.

Aristona não suportou o esforço e desmaiou. Ela foi poupada de ver o final daquele a quem jurara amar para sempre.

Ebares, um dos oficiais de Cambyses, ficou compadecido e socorreu-a.

Felizmente, Cambyses não se opôs e permitiu que a recolhessem ao interior da embarcação. Ela já havia visto o suficiente para se lembrar de que jamais deveria tê-lo afrontado.

Artestes, ainda vivo, foi lançado ao mar com as duas estátuas.

– Que se afogue, traidor! – gritou ao vê-lo cair na água.

Não queria que Aristona procurasse seu corpo, mergulhado no mar.

O rei chegou até o final da proa e brindou o mar por tê-lo tragado.

Os soldados, temerosos, olharam Cambyses. Seu rosto estava impassível, apenas o vento balançava seus cabelos e fazia tremer suas roupas. Por um momento pensaram que ele iria mandá-los matar a própria irmã.

Para o alívio geral, ele nada fez contra a vida da irmã.

O mar bateu agitado no casco da embarcação.

Ele apenas disse:

– Remem para a terra!

Aquela tarde foi terrível para todos os que amavam o artesão.

A princesa infeliz

Depois do horrendo episódio, a vida de Aristona tornou-se mil vezes pior do que já era.

Talvez tivesse sido melhor ter caído no mar e morrido com Artestes.

"Oh! Meu Deus, por que não me atirei ao mar?!" Pensava a jovem, deprimida.

Nefer e Mirtes, suas aias, tudo fizeram para animá-la.

– Ainda tens o teu filhinho para te alegrar – diziam na tentativa de confortá-la, desconfiadas de que o herdeiro do trono fosse filho do artista.

Dias depois, Cambyses entrou no aposento, possesso, porque ela não reagia.

Aristona percebeu que ele entrara ali, mas nem sequer o olhou. Verdadeiro ódio abrigava em seu coração por aquele que lhe tirara a felicidade, e agora só pensava em morrer. Nunca mais queria olhá-lo.

– Por que me traíste, Aristona? – perguntou mais ameno, ao vê-la tombada daquele jeito.

Ela continuava inerme, parecia nem respirar.

Ele se aproximou e tocou-a, mas Aristona voltou-se para ele com todo ódio de sua alma e o resto de energia que lhe restara:

– Odeio-te, Cambyses, por tudo que fizeste. Quero morrer, também, como ele – suplicou.

Ao ouvir suas palavras, o ciúme subiu-lhe à cabeça.

– Não, não morrerás! Infeliz, haverás de viver para o teu castigo! – exclamou, enciumado.

– Mata-me, Cambyses! Meu filho jamais te chamará de pai!

Suas palavras penetraram em seu coração como um punhal afiado.

– Meu filho pertence a Artestes! Somente a ele hei de amar! – exclamou para se vingar com palavras, já que não podia fazê-lo com uma arma.

Nem o mais hábil atirador de seu reino poderia ter atingido o alvo, tanto quanto suas palavras que o feriram no mais profundo de seu ser.

– Mentiste, traidora! – Furioso e cego, Cambyses, de onde estava, apenas ergueu a perna direita e deu-lhe um violento pontapé no ventre. Seu ódio foi tão grande, que sob o impacto do golpe, Aristona desfaleceu.

Debilitada pelo sofrimento e maus tratos, ela perdeu o fruto de seu amor e, em conseqüência do aborto, faleceu.

Cambyses, taciturno e calado, não pranteou a irmã e passou semanas totalmente isolado.

Não quis ver mais ninguém. Parecia um fantasma rondando de um canto a outro.

O palácio mergulhara numa nuvem negra e todos se sentiam mal. Os conselheiros tentaram se aproximar, mas o rei ainda continuava entregue aos seus pensamentos sombrios.

Ninguém podia adivinhar o que viria após o seu completo mutismo.

Traição

O rei conseguiu sair daquele isolamento e sua alma parecia ter entrado em profunda letargia. Entregou-se de corpo e alma à organização do seu exército para a conquista da Etiópia.

Seu próximo passo era fortalecer seu exército e ampliar seu colossal império.

As notícias que lhe chegavam da Pérsia não eram animadoras. Estava certo de que seus governantes o estavam traindo. Para acabar com suas preocupações, o rei decidiu eliminar seus inimigos.

Sem pensar nas conseqüências, sem ouvir seus conselheiros, mandou prender vários membros da realeza que tiveram a audácia de desacatar-lhe as ordens e os enterrou vivos. Dentre estes nobres estava Hystaspes.

Toda a Pérsia passou a temê-lo ainda mais depois dessa matança.

Cessaram as pressões. O rei e seu exército instalaram-se em Ecbátana, enquanto aguardavam qualquer notícia desfavorável para atacarem.

Toda a Pérsia temia a revanche do rei e o seu principal governante, Hystaspes, também fora morto misteriosamente.

Udjahorresne, o médico egípcio, aliara-se a Dario, levado por seu interesse em governar o Egito e em virtude da agressão de Cambyses aos sacerdotes de seu país. Os dois esperavam apenas uma oportunidade para eliminarem Cambyses.

As notícias das atrocidades do rei chegaram às províncias.

Esmérdis, o príncipe persa

Esmérdis continuava em seu esconderijo.

Soube dos abusos de Cambyses e da morte da irmã. Consternado, o príncipe lamentava a atitude de seu irmão. Era hora de agir e modificar o triste quadro, antes que as coisas piorassem.

O príncipe, durante seu exílio, formou um colégio de magos. Esmérdis aguardava o momento exato em que deveria se apresentar a Cambyses para conter a revolta que se tramava para eliminá-lo.

Mas as atitudes impensadas do irmão fizeram com que Esmérdis agisse por si mesmo.

A Pérsia necessitava dele. Era o momento de se apresentar àqueles que o julgavam morto.

Ele e os magos partiram para Susa, onde se encontrava Prexaspes.

Antes de partir, Esmérdis agradeceu a Ranofer o abrigo que lhe dera e os sábios ensinamentos recebidos.

Ele e Ranofer se comunicariam, dentro do possível.

Cambyses encontrava-se nas proximidades de Ecbátana com seu exército.

Esmérdis, informado dos passos de seu irmão e da

rebelião que se formava, arquitetou um plano para desmascarar aqueles que atentaram contra a sua vida e, agora, desejavam eliminar Cambyses e assumir o governo.

Cambyses corria perigo.

Esmérdis disfarçou-se e entrou em Susa, como um forasteiro. Ninguém o reconheceu.

Os magos que o acompanharam ficaram à espreita, caso o Bardya precisasse de seu apoio.

Prexaspes governava no lugar de Hystaspes e acreditava que Esmérdis estivesse morto. Fazia algum tempo que ele desaparecera. Cambyses havia cessado as buscas.

Todos passaram a acreditar que ele estivesse realmente morto, aliás, os boatos eram de que o rei havia assassinado seu próprio irmão para desfrutar de todo o império.

Esmérdis burlou os guardas e entrou na sala de Prexaspes pela porta que estava semicerrada.

Chamou o companheiro:

– Prexaspes!

Aquela voz tão conhecida fez Prexaspes estremecer. Mas, o mago estava irreconhecível, emagrecera e perdera a tez morena.

– Quem és tu? – perguntou, assustado, apoiando-se na mesa para não cair.

– Sou eu, Tanaoxares – respondeu Esmérdis, com um sorriso.

Surpreso, Prexaspes acreditou que alguém estava a brincar com ele e chamou os guardas:

– Guardas, prendam o impostor.

Ante aquela ordem inesperada, Esmérdis não teve tempo de falar.

– Não me acreditas, Prexaspes? Ou temes a minha presença? – indagou cheio de estranheza.

Os guardas entraram e prenderam Esmérdis, que não reagiu, certo de que seria logo reconhecido como o filho do rei.

"Não é possível! Alguém está se aproveitando da situação e se faz passar por Esmérdis. Preciso apurar os fatos antes de declarar que este homem seja realmente o Bardya" – pensou Prexaspes, enquanto ganhava tempo.

Temeroso de que aquele homem fosse um mentiroso, quis interrogá-lo para descobrir se ele falava a verdade.

A tudo que lhe foi perguntado, Esmérdis respondeu com firmeza.

Somente depois do interrogatório, Prexaspes se rendeu.

– Esmérdis, o sábio! – falou admirado – O filho de Ciro, meu Deus, onde estavas, homem, todo este tempo? – falou Prexaspes, convicto de que estava diante do Bardya.

Esmérdis contou sua história, mas omitiu a tentativa de assassinato, pois fazia parte de seu plano.

– Cambyses precisa saber, urgente, que estás vivo, Esmérdis!

Esmérdis observou Prexaspes e o luxo em que vivia, rodeado das mais finas pratarias e seu escritório revestido com ricos tapetes e finas esteiras; nada lembrava o antigo escudeiro de Cambyses.

O mago colocou-se a par dos negócios dos outros reinos, de sua irmã e de Dario, e teve a impressão de que sua presença trazia a Prexaspes um certo desconforto.

Ele vinha reivindicar o seu lugar. Prexaspes deixava transparecer em suas atitudes sua decepção. Teria ele acaso se aliado a Dario?

Essa dúvida atormentou Esmérdis, mas continuou firme em seus propósitos.

– Cambyses precisa saber urgente! – tornou Prexaspes a dizer, pois ele próprio havia duvidado de Cambyses, julgando que este mandara matar o irmão. – Oh! Bardya, eu que julguei Cambyses!

Ele parecia sincero, pensava Esmérdis, atento a todos os movimentos.

– A partir de hoje, assumirei meu lugar, destinado por Ciro, meu pai. Quanto a ti, ó, Prexaspes continuarás servindo à coroa e seguirás minhas ordens até que Cambyses volte, pois acredito que ninguém foi tão fiel a ele quanto tu.

Prexaspes não teve outro jeito senão entregar-lhe o trono.

Enviaram correspondência às províncias notificando que o mago estava vivo e viera assumir o governo geral das províncias.

Dario

Assim que Dario soube da notícia, saiu às pressas de Ecbátana, onde vivia na maior ostentação com Atossa e foi verificar a veracidade daqueles fatos. Nada disse a ninguém. Quis primeiro se certificar, pois acreditava que Esmérdis estivesse morto.

Suspendeu a emboscada que havia preparado para Cambyses, pois aquele aviso podia ser um golpe dele para confundi-los. Era necessário ter-se cautela. Nunca se sabia onde estavam escondidos os olhos e os ouvidos do rei.

Ele estava certo de que o Bardya morrera.

Por precaução, preparou seus aliados e enviou arautos por todo o reino, avisando que um mago havia tomado a identidade do príncipe Esmérdis. Todos deviam manter-se alerta, porque ele ia dar cabo do impostor.

A emboscada foi adiada.

E Dario partiu sem demora para Susa, a fim de desmascarar o falso mago.

Udjahorresne acompanhou-o, pois ambos não poderiam se enganar.

Ao chegarem em Susa, Prexaspes os esperava.

Depois de conversarem a respeito do aparecimento

do príncipe Esmérdis, Prexaspes declarou a verdade aos dois que o ouviam, decepcionados e surpresos:

– Dario, constatei por mim mesmo. É o Bardya, irmão de Cambyses.

– Como? Se ele morreu! – afirmou Dario, peremptório.

– Sim, eu sei, mas o homem é a semelhança de Esmérdis Tanaoxares, filho de Ciro.

– Não. Não pode ser. Onde está o impostor? – perguntou Dario, nervoso. – Seus homens afirmaram que o haviam matado, pensou, convicto de que aquele homem era um farsante.

Enquanto Prexaspes saiu para avisar Esmérdis que eles haviam chegado, Dario e Udjahorresne conversavam à meia-voz.

– É necessário que se resolva tudo o quanto antes, porque Cambyses está marchando para Ecbátana com seu exército – explicou Udjahorresne, que temia a fúria do rei.

– Não temas, Udjahorresne, Cambyses está perdido. Hystaspes fez um bom trabalho e eu darei aos persas o que eles esperam. Vingarei a morte de meu pai. Góbrias espera apenas um sinal para agir. Toda a nobreza está a nosso favor. O único que se encontra ainda favorável a Cambyses é Prexaspes, mas logo ele saberá com quem está lidando.

Dito isso, Prexaspes entrou e os chamou:

– Venham, senhores, e constatem a verdade. Ele é o Bardya!

Na sala de audiências, Esmérdis estava tranqüilamente assentado. Junto a ele, os sete magos que o acompanharam do Egito permaneciam em pé.

Dario estremeceu, porque não esperava jamais encontrar ali o verdadeiro Tanaoxares.

– Esperava-te, Dario, para um acerto de contas – disse sem o temer, o Bardya.

Perplexo, Dario perdeu a voz.

Aquele homem estava apenas um pouco mais magro e o encarava triunfante.

Udjahorresne e Dario se entreolharam, amedrontados.

Eles não podiam acreditar, ou estavam diante de um fantasma.

Fantasmas não são palpáveis, então seus homens o enganaram, ou foram enganados?

Tudo aquilo passava pelo cérebro de Dario, que não tirava seus olhos do mago.

Udjahorresne viu-se perdido e procurou se inocentar perante Esmérdis.

– És tu mesmo, Esmérdis, em carne e osso, folgo em saber que não morreste – falou Udjahorresne, tentando livrar sua própria pele.

– Não finjas, Udjahorresne. Sei de todas as tuas conspirações. Pensaste que morri?! – depois voltou-se para Dario: – Dario, jamais pensei que trairias o rei! Infelizmente, não tens a mesma têmpera que teu pai, Hystaspes, este pelo menos teve uma virtude, foi fiel a Ciro, até a morte – investiu Esmérdis, irônico.

Dario não articulou palavra, até então.

Julgando que os irmãos tinham um prévio acordo em se encontrarem, ele decidiu negar tudo, para ganhar tempo.

Sua cabeça maquiavélica começou a arquitetar um plano. O único jeito era apresentar um culpado que o livrasse daquele complicado impasse, ou provar que aquele homem era um impostor que se interpunha, aproveitando a situação de rebeldia por que passavam.

Afinal, Prexaspes constituía um estorvo a seus planos, com certeza.

Se Cambyses teimasse em ficar no Egito, ele se tornaria o governador das províncias.

Aquele Esmérdis poderia muito bem passar como um falso, um impostor, e ele eliminaria os dois.

O povo não seria tolo em acreditar naqueles magos que ressurgiam do nada.

Teria que agir rápido, antes que os outros viessem identificá-lo.

Aproveitaria esse momento e convocaria os nobres persas que se encontravam revoltados com Cambyses; juntos vingariam a morte de seu pai e dos outros persas que ele havia mandado assassinar.

– Príncipe Esmérdis, filho de Ciro, fico contente que estejas vivo e assumas as províncias! – disse, esforçando-se por ser convincente e ganhar tempo. – Informemos Cambyses, que se encontra nas proximidades de Ecbátana, pois agora poderemos voltar para o Egito e terminar as construções iniciadas.

O mago sabia que ele mentia, mas não dispunha de nenhuma prova para prendê-lo, o melhor seria deixá-lo ir e, por sua vez, vigiar suas atitudes.

– Após as perguntas sobre onde ele estivera todo este tempo e o que afinal havia lhe acontecido, Esmérdis dispensou respostas, retornando a seus afazeres e despediu-os.

No entanto, a notícia de Dario às províncias sobre a falsidade do príncipe havia se alastrado e ele exploraria aquela confusão para agir e insuflar a revolta por todos os cantos.

Ao sair do palácio, do primeiro ao último que encontrou, Dario e Udjahorresne foram dizendo que um falso mago havia se apossado do trono.

Não havia provas contra eles e Prexaspes não tinha autoridade para prendê-los em Susa.

Em Ecbátana

Nas proximidades de Ecbátana, o grande exército treinava, enquanto confeccionavam novas armas e armaduras.

A notícia de que o príncipe Esmérdis estava vivo e se encontrava na Pérsia, causou grande tumulto.

Cambyses não sabia em quem acreditar.

As histórias mais disparatadas eram comentadas entre seus generais e soldados. Ninguém sabia ao certo o que estava realmente se sucedendo, tal a série de boatos espalhados pelas províncias.

A mais convincente notícia que chegara até Cambyses, era que Esmérdis estivera todo este tempo escondido, porque desejava provocar uma rebelião e lhe tirar o poder.

Outro boato era que a aristocracia persa não queria reconhecer Esmérdis, porque queria eliminar os descendentes de Ciro e escolherem um novo rei.

A verdade é que Cambyses ficou curioso e um tanto emocionado com a possibilidade de Esmérdis estar vivo. Mas os falatórios sobre a possibilidade de uma rebelião e seu irmão estar envolvido, o irritavam.

Sua mente não comportava mais tais notícias, queria ver Prexaspes, ele era o único que poderia acalmá-lo.

Aquelas notícias o abateram muito.

Em decorrência de seu estado psicológico alterado, o rei sofreu uma crise epiléptica, enquanto examinava sua espada. Na crise, foi impossível tirar-lhe a arma da mão, e ele acabou por se ferir numa das coxas com a sua própria espada.

O rei, ensangüentado, foi levado imediatamente para o leito de repouso e medicado, mas o ferimento era muito grave. A arma golpeou várias vezes o mesmo lugar e abriu uma enorme ferida. O sangue jorrou forte e somente com muito esforço o médico conseguiu estancá-lo. Cambyses perdera muito sangue e sua grande energia física entrara em decadência.

Assim que o rei teve condições de falar, estava muito confuso, mas ordenou a seus súditos:

– Enviem um emissário de confiança a Prexaspes e diga-lhe para vir em pessoa com o mago que se diz ser o príncipe Esmérdis.

Dario ainda estava em Susa, quando souberam que Cambyses achava-se gravemente ferido.

– Esmérdis, por que não iremos nós onde se encontra Cambyses? – perguntou Prexaspes, preocupado com a saúde de Cambyses.

Esmérdis, no entanto, recusou-se a acompanhá-lo, pois sabia que Dario estava apenas esperando que ele se ausentasse para levantar a rebelião que já havia iniciado e tirá-lo do poder.

– Vai, Prexaspes, dize a Cambyses que o aguardo.

No palácio tinha guardas armados por todos os cantos.

Prexaspes retirou-se acompanhado de alguns homens e foi ter com Cambyses no acampamento.

Dario e Udjahorresne procuraram a aristocracia persa que detestava Cambyses e iniciaram seus planos para tomarem o poder de Cambyses e desmascararem o mago.

A morte do Rei

Prexaspes encontrou o rei muito mal, sua agonia não tinha explicação.

Tinha a boca seca e ferida por causa da febre. Emagrecera e gritava de dor.

– Toquem, homens! Levemos o rei para Ecbátana! – ordenou Prexaspes, vendo que ele não conseguia coordenar mais sua mente.

Cambyses, no auge da febre, tinha visões que o maltratavam mais que a ferida.

Entre gemidos e lágrimas, o rei deixava escapar algumas frases sem nexo:

– Não há mal maior que um homem perder sua dignidade. Oh! Ciro, por que não te ouvi? – lamentava-se chorando.

Prexaspes e os soldados persas que acompanhavam aquele final estavam consternados com a agonia de seu soberano a quem amavam e que os havia cumulado de bens.

Depois o rei gritava de dor como se todos os fantasmas do Amenti ali estivessem grudados em sua fronte.

– Afastem-se, malditos! Por Moloch! Deus infernal que me atraiçoou! Fujam todos! – gritava de dor e desespero.

Empastado de suor, ele via Aristona que o amaldiçoava. O espírito da irmã, quando vinha, causava-lhe tanta agonia, que ele chorava, arrependido, como uma criança. Aqueles eram os piores momentos para os que o assistiam.

Seus soldados lamentavam-se e se prostravam ao chão, pedindo misericórdia para o rei.

Ajoelharam-se, colocando as armas na areia e pediam a Deus por seu rei, quando percebiam que ele não mais suportava o sofrimento.

A viagem tornou-se um tormento para eles.

– Água! Água! – gritava Cambyses febril.

Tomava água e não se conformava.

– Água! Mato todos, por negarem água ao rei! – gritava, segurando a rica caneca.

– Aristonaaaa! Maldita! Por que me traíste? – gritava para o espírito ali à sua frente.

– Tu ris, Aristona! Ris do meu sofrimento!

Sussurrava rouco e sem forças com a garganta ferida e seca.

Alguns abutres sobrevoaram o local ao perceberem o cheiro de carne podre.

Eles vinham como um mau agouro, anunciando o fim.

Um soldado atirou uma flecha e eliminou um abutre, que caiu, espantando os outros.

Ante o mau agouro, outro abutre insistiu e bateu as asas próximo deles. Nova flechada e ele tombou.

Ainda estavam longe de Ecbátana.

Um grande silêncio aconteceu ali, entre eles, que sem saber o porquê, sentiram uma sensação muito estranha.

O tempo parou.

É assim que acontece quando uma grande entidade se aproxima dos mortais, um quê de magia transcende o ar que os vivos respiram. Os soldados baixaram suas cabeças em sinal de respeito.

Era a chegada do grande rei da Pérsia, Ciro, que vinha encontrar-se com seu filho agonizante.

– Meu pai, demoraste tanto! – disse, enfim, entre lágrimas, ao divisar a figura paterna.

O enfermo estendeu os braços para o ar e todos perceberam que algo sobrenatural estava acontecendo.

A vibração do espírito de Ciro abarcou os presentes e alguns súditos, que possuíam a vidência espiritual, instintivamente ajoelharam-se, ante aquela majestade ali na cabeceira do moribundo.

Prexaspes, também, viu o querido rei. Era um atestado, para ele incontestável, daquilo que o rei sempre lhes ensinara – o espírito podia se comunicar com os vivos.

A visita foi rápida, mas tão intensa que ninguém ousou dizer palavra.

Cambyses chorou, quando seu pai se afastou.

Seus soluços cortavam o coração, arrependido do que fizera.

Passaram-se mais um dia e uma noite de agonia, no deserto.

Cambyses estava trêmulo como uma vara de bambu ao vento, sua energia vital chegava ao fim.

Os soldados que passaram aqueles dias ouvindo seus lamentos entreolharam-se assustados, quando nada mais ouviram daquela boca, cujas mandíbulas estavam feridas de tanto se debater.

Era o fim.

Muitos choraram e rasgaram suas vestes em sinal de dor.

Estavam próximos de Ecbátana.

Os abutres voavam silenciosos como manchas escuras no céu anil.

A história é feita de oportunidades

Meses depois, Dario encabeçou uma rebelião contra Esmérdis e seus companheiros.

O motim fora provocado para que os persas cressem que aquele Bardya era um falso mago que estava no poder.

Um grande impostor que tomara o lugar do príncipe Esmérdis.

Prexaspes tentou provar que aquele mago era Tanaoxares, o filho de Ciro.

Os persas, apesar de conhecerem a idoneidade moral do escudeiro do rei, não lhe perdoaram sua fidelidade a Cambyses.

Dario era o preferido dos nobres persas e aproveitou a oportunidade para se ver livre de Prexaspes, acusando-o de ter assassinado Esmérdis por ordem de Cambyses.

Prexaspes recusou-se a mentir aos conselheiros do império e continuou a afirmar que aquele homem era o príncipe Tanaoxares, filho de Ciro.

– Basta, senhores, que o examineis! – ainda tentou Prexaspes, elevando a voz.

Dario estava com a maioria.

O Bardya fora preso no calabouço com os magos, seus

soldados nada podiam fazer. Sem ninguém para apoiá-lo, o fiel amigo de Cambyses, sabendo das humilhações que iria sofrer nas mãos do inimigo, disse aos ministros:

– Prefiro a morte, senhores, pois meu dever, como todo persa, é dizer a verdade, somente a verdade. Não matei Esmérdis. Este homem que acusais ser falso, trata-se de Tanaoxares, o filho de Ciro! Ele é o único herdeiro vivo do grande rei, a quem todos nós devemos reverência. Ele é o herdeiro do rei. O único a quem devemos reverenciar. Morro, mas atentai para quem me acusa. O espírito de Ciro vive através de seu último herdeiro aquemênida, mas este encontra-se preso num calabouço. Acaso desejais colocar no trono persa o verdadeiro assassino do rei? – dito isso, e estando perdido, suicidou-se ali, na frente de todos.

A atitude de Prexaspes constrangeu vários persas, porque sabiam de sua alta moral.

Era sua palavra assinada com seu sangue.

Dario, apoiado pela forte nobreza da Pérsia, vendo que alguns ficaram indecisos, levantou-se e fez um longo discurso sobre as iniqüidades religiosas que Cambyses desejava introduzir tanto na Pérsia, quanto no Egito. Prometeu aos povos que as leis colocadas no Avesta seriam todas respeitadas.

Os persas, descontentes com os magos, desejavam se livrar deles, e como não confiavam naquele impostor, e Dario demonstrava-lhes coragem suficiente para o desmascarar, trocavam idéias uns com os outros.

Levado pelo momento propício, o pretendente à coroa mandou trazer Esmérdis e os magos, que estavam presos e os submeteram a dolorosas torturas.

Após "provar" que o Bardya era realmente um mago impostor, assassinou-o, barbaramente.

Os dois filhos varões de Ciro estavam mortos, ninguém ali para reclamar a coroa.

Os nobres persas proclamaram Dario rei.

Este monarca, ao subir no trono, fez questão de apagar o nome de Cambyses II em todos os lugares onde fora registrado.

FIM

Epílogo *

O espírito de Cambyses vagava solitário pela planície deserta...

Seus gemidos se misturavam aos do vento, que soprava as areias, criando novas montanhas.

Ninguém por ali para ouvir seus uivos de dor e seus tristes lamentos.

De que lhe adiantava gritar, naquele deserto, onde somente farrapos humanos perambulavam como sombras da noite voltejando sobre seu cadáver?

O pobre monarca, ao se deparar com sua indigência, baixou a fronte altiva e chorou.

Seu reino desaparecera, sua corte não estava mais à sua disposição. Ninguém para ordenar...

Ficou assim, prostrado, na mais profunda solidão, até que, rendido sobre si mesmo, recordou-se dos ensinamentos paternos.

Ao se lembrar de Ciro, uma rajada forte levantou a areia do deserto e ele divisou, entre a abóbada e a terra, a figura majestosa do rei.

---

* No romance "Algemas Douradas", da mesma médium, ditado pelo espírito ROCHESTER, encontra-se inserido na página 249, edição nº 1, de março de 2002, da editora Lírio Editora Espírita, de Araguari, MG, uma observação sobre alguns dos personagens deste romance, onde o autor espiritual afirma que Jerônimo Mendonça Ribeiro, nascido em Ituiutaba - MG, foi a encarnação de Cambyses II, rei dos persas.

O espírito daquele que fora seu pai, o observava muito sério.

Seus lábios não articulavam palavra; sua voz, porém, soprava clara como o vento.

Cambyses ouviu-o, nitidamente, dizer:

– Pobre filho, descuidaste do rebanho que te confiei. Olvidaste meus conselhos e agora tremes de dor! Não adianta lamentares o tempo perdido. Ergue-te! O sino da memória tocou mais uma vez. É tempo de recomeçar. Tens uma grande dívida, meu filho: erguer os caídos e sustentar os fracos que deixaste ao léu. Sob o teu comando, eles haverão de ressuscitar os nobres sentimentos que mataste a golpes de espada e chicote! Recobra a coragem. O lamento apenas adiará a nossa ascensão. Resta pouco para o Cordeiro de Deus surgir das auroras resplandecentes, cujo acesso somente é permitido àqueles que estiverem vestidos com o manto alvo da pureza.

Ao ouvir a alusão paterna, Cambyses gemeu melancólico.

Seu pai continuou:

– Em breve a humanidade terrena conhecerá o verdadeiro esplendor do sol de Osíris. Tu, porém, jamais o verás, a não ser que estejas totalmente puro.

Constrangido por aquelas palavras, seu espírito rebelde e altivo quis revidar. Algo estranho o impedia. Cambyses estava sem forças, entregara-se ao desânimo. Somente uma âncora poderosa seria capaz de soerguê-lo.

Um silêncio glacial envolveu os dois espíritos.

Mediante as últimas impressões de Ciro, um clarão se acendeu em outro ponto do deserto.

Viram Ranofer, o sumo-sacerdote de Amon.

Grande respeito os invadiu.

Calados e sombrios, aguardaram aquela entidade iluminada, cuja acensão moral os sobrepujava.

Ouviram sua voz penetrar-lhes, parecia mergulhar no fundo de suas consciências palavras de fogo:

– Não percam tempo, filhos. Nas areias deste deserto, no oásis da Judéia ... É para lá, no Jordão de nossas vidas que a lira vai entoar a canção do amor sublime. Além das montanhas, o sol de Osíris resplandecerá sua divina luz para todos os homens da terra conhecerem. Felizes daqueles que puderem enxergar a sua luz! Feliz daquele que seguir suas pegadas até o fim!

A entidade calou-se.

O silêncio continuou entre Ciro e Cambyses. Ambos sabiam que não lhes seria dado ver o Redentor em carne e osso e seus semblantes tornaram-se sombrios.

Entreolharam-se, assustados, e viram o vulto de Ranofer, envolto em luz, desaparecer de sua frente.

Ciro retomou sua antiga pose. Fez um aceno e um bando de soldados armados surgiu das planícies arenosas para seguir seu grande general.

Cambyses, desconsolado, continuou ali, cabisbaixo, sem saber qual rumo tomar.

Tudo a seu redor estava árido e deserto, quando uma risada sarcástica atingiu-o como uma lança de fogo, despertando-o.

– Não! – gritou tapando a visão ao perceber o visitante.

Era Moloch que viera atormentá-lo, rindo-se de sua desdita.

– Desapareça, ó deus infernal! – repeliu-o, severamente.

– Todos te abandonaram, mas eu permaneci!... – investiu a entidade, maliciosamente. – Ninguém se compadeceu de ti, príncipe, por que me repeles?

– Odeio-te, Arimã. Afasta-te de mim, ou preferes que te destrua?

– Jamais serei destruído. Sou a sombra que mostra a luz. Sou a antítese do Bem. Sou necessário! Não me podes destruir, príncipe. Eu sou a serpente que habita o centro do mundo. Sou o chefe da falange rebelde, sem a qual a luz inundaria o globo e não mais verias a forma bruta.

– Basta! – repeliu Cambyses, cansado.

Outra gargalhada sinistra ouviu-se.

– Infeliz! Queres abandonar o prazer que a matéria impõe aos sentidos?

– Não – respondeu o príncipe sem força.

– Não me repilas mais. Oferecer-te-ei o elixir que esquentará teu corpo – disse triunfante o Arimã.

Um frio envolveu Cambyses, que se tornou glacial como uma montanha de gelo.

Levantou-se, altivo, mas cansado daquele debate infernal que o extenuara.

Deu as costas ao gênio do Mal e procurou se livrar.

Mas um grande enigma se estendeu à sua frente, mais misterioso e mais forte que todos os sofismas.

Viu uma imensa duna de areia transformar-se numa ampulheta gigante.

Estarrecido, Cambyses viu enormes grãos de areia caírem, um após outro, obedecendo ao mesmo ritmo e à mesma cadência.

A sua voz soou melancólica:

– Serei sempre este eterno enigma!

Rochester

Ituiutaba, MG verão, 2003